HERNANES

Carta do PROFETA

2023

Carta do Profeta
Copyright © 2023 by Hernanes
1ª edição: Maio 2023
Direitos reservados desta edição: CDG Edições e Publicações
O conteúdo desta obra é de total responsabilidade do autor
e não reflete necessariamente a opinião da editora.

Autor:
Hernanes

Preparação:
Samuel Vidilli

Revisão:
Lays Sabonaro
3GB Consulting

Projeto gráfico e capa:
Jéssica Wendy

DADOS INTERNACIONAIS DE CATALOGAÇÃO NA PUBLICAÇÃO (CIP)

Hernanes
  Carta do profeta / Hernanes. — Porto Alegre : Citadel, 2023.
  176 p

ISBN: 978-65-5047-215-3

1. Cristianismo 2. Deus 3. Espiritualidade I. Título

23-0706   CDD 230

Angélica Ilacqua – Bibliotecária – CRB-8/7057

Produção editorial e distribuição:

contato@citadel.com.br
www.citadel.com.br

*Ao(À) amigo(a) leitor(a)
que quer amar a vida
e ver dias felizes.*

SOBRE O AUTOR

Nasci em Recife, num lar católico, e passei a minha infância no interior de Pernambuco. Morei em regiões da zona rural como Engenho, cujas estradas ainda eram de terra batida e a energia gerada por motor movido a querosene, e outras cidades como Itambé, Goiana e Aliança. A minha família sempre foi muito religiosa e eu acompanhava a tradição, pois desde pequeno já manifestava um senso muito grande de fazer o que era certo, como, por exemplo, sempre buscar apaziguar os ânimos entre meus irmãos, que volta e meia se pegavam numa briga, uma vez que eu era o irmão do meio, ou não usar brinco na orelha, pois uma vez escutei numa conversa que o padre da igreja da cidade havia dito que homem não deveria usar brinco. Eu levava tudo muito a sério, e simplesmente obedecia. Era tranquilo e nunca questionava o que me era passado.

Até meus 15 anos morei em Pernambuco, e quando cheguei em São Paulo finalmente conheci a Bíblia, que antes só via de longe, aberta em cima da cômoda da minha mãe. Na verdade, não entendíamos quase nada sobre a Palavra de Deus, e íamos na igreja de vez em quando, em solenidades ou por ocasião de um batizado ou casamento. Foi então que, morando sozinho nos alojamentos da vida, certo dia recebo um convite de um colega para ir a um culto, e, na primeira vez que ouvi a mensagem do Evangelho, senti verdade naquelas palavras e resolvi seguir aquilo que para mim era certo e verdadeiro naquele momento.

Mesmo não possuindo muito entendimento naquela época, sempre fui autodidata, então comprei uma Bíblia e comecei a ler desde Gênesis até que cheguei em Êxodo, e me deparei com o ensinamento de guardar os sábados. Fiquei tão intrigado com aquilo que dei um jeito de não treinar aos sábados! Afinal eu sempre seguia aquilo que entendia como verdade. Tempos depois entendi que se tratava de uma regra do Antigo Testamento, e voltei a integrar os sábados ao cotidiano, mas o curioso é que assim que conheci o Novo Testamento, o mesmo senso de obediência continuou vivo em mim.

Já fui um homem de dar a outra face para baterem, assim como Jesus ensinou em uma passagem do Evangelho, passando por isso em pleno dia de jogo e me sentindo feliz por estar de acordo com os ensinamentos de Deus. Minha mentalidade sempre foi assim, e meu desejo sempre foi de ensinar tudo que aprendi ao longo do tempo estudando a Bíblia. Aliás, as duas coisas que eu mais passei fazendo durante a minha vida toda foi jogar bola e ler a Bíblia, então sabia que não poderia deixar de ser jogador de futebol e também um propagador dos ensinamentos bíblicos.

Quase cheguei a ser chamado de "Filósofo" em consequência das colocações que fazia durante as entrevistas após os jogos, mas o que viralizou mesmo foi o "Profeta", depois de uma troca de palavras na legenda de uma matéria esportiva, enquanto ainda era jogador do São Paulo. Apesar de no início ter estranhado, acabei me acostumando, afinal nunca deixei de me desenvolver na fé enquanto crescia na carreira dentro do futebol.

Ainda bem jovem, meu desejo maior realmente era ouvir a voz de Deus como os profetas, e de tanto citar a Bíblia durante as entrevistas, a minha veia reflexiva não passou despercebida. "Hernanes, o Profeta" se tornou uma charge. A dificuldade de me expressar muitas vezes me travava, me causando embaraço e certo receio, mas o tempo foi passando e fui atrás de recursos para me desenvolver na comunicação e fui me soltando. E quando cheguei na Itália, nunca vou me esquecer do que ouvi de um pastor durante uma oração que dirigiu a mim:

> *Deus te constituiu profeta para as nações.*

Como era ainda muito jovem na fé, não entendi muito bem naquela hora o que aquilo significava, e acabei esquecendo daquelas palavras pouco depois. Mas com o passar do tempo as pessoas começaram a usar tanto a expressão "Hernanes, o Profeta" que, certa noite, durante um sonho, lembrei-me daquelas palavras do pastor, e finalmente entendi que não havia sido eu que tinha escolhido esse apelido, mas sim que estava predestinado para que eu fosse chamado dessa maneira.

A cada meditação sobre a Palavra de Deus que eu fazia, passei a escrever o entendimento sobre a mensagem desvendada, e desse processo compreendi o que era verdadeiramente ser profeta. O profeta é aquele que sempre tem uma importante e reveladora mensagem para passar às pessoas. Ser profeta é ser um mensageiro de Deus. E diante de tudo que experimentei e tenho vivenciado na minha vida nessa caminhada com o Evangelho, enfim soube que o meu próximo passo seria escrever este livro para trazer essa mensagem.

Atualmente vivo na Itália, e mesmo o acesso à igreja tendo se tornado mais escasso, nunca deixei de exercitar a minha fé; essa dificuldade não me impediu de seguir adiante com os aprendizados que obtive estudando a Palavra de Deus para então espalhar a sua mensagem. Além disso, jamais me conformei com o status quo e a "mentalidade default", ou seja, com aquele pensamento padronizado e pré-definido, onde tudo é engessado. Não podemos ficar presos ao passado, ao que nos limita a viver algo muito melhor e muito maior que o futuro pode nos trazer, e é nesse ponto em que afirmo que o Evangelho é a maior tecnologia que já existiu.

Não haverá outra mensagem que irá trazer tanto benefício, tanta conexão com Deus e com a natureza, com tudo que existe quanto o Evangelho, pois tudo que nós precisamos já está ali. Se ficarmos preso com uma mentalidade de religiosidade, regras que estejam acima das nossas necessidades básicas, que nos façam carregar pesos desnecessários, tal qual a coroa de espinhos de Cristo, que simbolicamente carrega as culpas cravadas na nossa mente, nunca conseguiremos perceber que a verdadeira riqueza e sucesso não é apenas uma questão de talento ou somente para o povo eleito, mas sim um direito universal de todos nós.

SUMÁRIO

A revelação do segredo — 13

O Novo Vinho — 23

Da água para o Bom Vinho — 33

Preparando sua mente — 59

Versando o Bom Vinho — 71

Paralelo entre os Hebreus e a Igreja — 121

Uma promessa melhor: o Bom Vinho! — 141

Finalização: Palavras de Jesus — 151

Palavra Final — 169

A REVELAÇÃO DO
segredo

Começo minha carta narrando os acontecimentos históricos que continuam a influenciar nossas vidas até hoje.

No ano 63 antes da Era Cristã, o Império Romano superou em poder e dominação o Império Grego, que era comandado pelo astuto Alexandre, o Grande. Esse acontecimento marcou a superação da cultura pela ordem, o livre pensamento pelo rigor da lei, a filosofia pelo direito. O Império Romano, com sua engenhosidade, disciplina e rigor, começou a dominar quase todo o território do mundo ocidental conhecido e parte do Oriente Médio, onde estava localizado o território da Judeia, tendo como capital a cidade de Jerusalém.

Jerusalém já era uma cidade milenar, muito antiga, que havia passado de mãos em mãos à medida que novos dominadores a conquistavam. Com a construção do templo, grande feito atribuído a Salomão, filho de Davi, essa cidade se tornou definitivamente o centro do poder em Israel, sendo o destino de peregrinos religiosos – e ainda hoje é o local para onde turistas vão quando passam pela região.

A religião dominante durante o período do Império Romano era o paganismo, um tipo de culto antigo em que se acreditava em vários deuses, e até mesmo na ideia de que figuras humanas poderiam ser cultuadas na religião pagã, como foram alguns dos imperadores romanos, que exigiram adoração da sua pessoa e a da sua imagem. Sabe-se que houve casos em que as tropas militares romanas levaram uma estátua do imperador vigente para o campo de batalha, acreditando que a sua presença os livraria da derrota. Bem, cada um acredita no que quer, não é mesmo?

Embora os romanos impusessem sua religião, sua lei, sua cultura e seus costumes aos judeus da Judeia e região, internamente o território tinha um povo totalmente diferente do que os romanos esperavam que se tornasse com a dominação. Eles tinham costumes e religião próprios, e mesmo com a presença estrangeira controlando a vida pública e as suas instituições, aquele povo persistia e resistia na obediência ao que a sua fé milenar dizia para fazer. Eles acreditavam apenas em um Deus, diferentemente do paganismo. O templo do Deus dos hebreus estava fincado no centro do coração do povo, a cidade de Jerusalém.

Em meio a isso tudo, havia uma enorme tensão entre a dominação romana estrangeira e a resistência interna dos judeus, que se consideravam o povo eleito de Deus e não admitiam serem comandados por um poder estrangeiro e pagão. Isso era para eles o pior dos castigos e a humilhação mais severa.

Depois de tentar remover a presença romana da região durante décadas, quer por força da fé, quer por força da espada, surgiu, no meio do povo mais simples, vindo do norte do país, da região chamada Galileia, um pregador de boas notícias. Esse eloquente homem era um descendente legítimo dos judeus e surgiu na cena pública anunciando um tipo de doutrina radicalmente diferente daquele paganismo romano e, embora tivesse como base as crenças e os textos do judaísmo local, ele trazia uma lógica um tanto quanto inovadora.

Esse pregador teve uma atividade que durou cerca de três anos e meio e alcançou dois resultados espantosos. O primeiro foi arrastar atrás de si multidões que deram crédito à sua mensagem, que sempre vinha acompanhada de alguns tipos de sinais, como eles diziam. Eram curas, milagres e manifestações de um poder que não se via facilmente nos mestres daquele período.

O outro resultado, não tão positivo quanto o primeiro, é que um de seus seguidores, provavelmente frustrado com o fato de esse pregador não organizar uma força militar para lutar contra os romanos, acabou por traí-lo, levando-o à prisão pelos romanos, ao julgamento sumário e ilegal, até que, por fim, fosse assassinado pelos então donos da terra.

Mas a sua mensagem dada e o poder das suas palavras permaneceram. Os ensinamentos e as doutrinas que transmitiu foram tão impactantes, reais, e falaram tão intensamente ao coração dos seus primeiros ouvintes, que muitos deles tiveram suas vidas transformadas. Eles passaram a mensagem adiante ao ponto de ela ecoar até hoje, e, pelo que temos visto, continuará ecoando por muito tempo até a eternidade.

Após a morte desse mensageiro das boas-novas, aquilo que os líderes da nação e seus adversários esperavam, que era calar a voz daquele pregador indesejado à margem da sociedade, tornou-se um problema ainda maior. Após a sua partida, suas palavras, que se tornaram tão presentes e vivas na vida de seus discípulos, ganharam um impulso ainda maior, quando a força da sua divulgação foi multiplicada a cada vez que alguém dava crédito a ela e a repassava à frente.

Sua mensagem é o mistério que esteve oculto desde antes de todos os séculos e em todas as gerações, mas que ele manifestou e deu a conhecer no tempo certo, chamado "a plenitude dos tempos". Essa mensagem surgiu diante de nós como um vinho, quando bem guardado, à espera do momento exato para ser aberto, o momento em que está maduro e pronto para ser degustado.

Quando se tornou pública, a mensagem foi semeada em um ambiente impregnado por muitas influências filosóficas, religiosas e místicas; as principais influências eram o paganismo, do lado romano, e o judaísmo, do lado do povo hebreu.

Mas a transmissão dessa mensagem superou as amarras da forte presença do judaísmo local, cujo costume era, e ainda é, adorar apenas um Deus e observar uma lei severa com centenas de mandamentos; a mensagem ultrapassou as fronteiras daquela região onde se originou e foi ao encontro de povos que praticavam outras religiões, que tinham outros costumes e filosofias, nos quais se adoravam vários deuses.

Ora a mensagem se fundiu a elas, ora se destacou e muitas vezes assumiu predomínio, tornando-se a maneira principal como os seus seguidores reorganizam suas vidas espirituais, morais e emocionais.

Havia, contudo, um porém: se os ouvintes originais, os discípulos que andavam com o Mestre todos os dias, devido à simplicidade da mensagem, não entendiam completamente a lógica, nem a eficácia e muito menos o poder dela ou do Mensageiro, sendo pelo Mestre repreendidos diversas vezes, certo seria que sua mensagem, durante os séculos, seria adulterada pelos seguidores sucessivos (às vezes até mesmo sem intenção), mas o fato é que a mensagem (o Evangelho) permanece sendo mal interpretada e mal compreendida pela simplicidade que traz consigo, que se junta à tendência do homem de querer coisas sofisticadas demais (a religião), esquecendo que a simplicidade é a maior das sofisticações.

Bom, a Mensagem do maior de todos os Mestres chegou até nós, de um lado misturada ao paganismo devido à influência de Roma, os dominadores do mundo daquele tempo; e do outro lado misturada ao judaísmo devido à influência dos hebreus, até porque o Mestre era hebreu, assim como os seus discípulos e o lugar de ensinamentos (as sinagogas hebraicas); mas o Evangelho, apesar de ser pregado por um hebreu, de ter saído do meio dos hebreus, de ter alcançado os povos pagãos e de ter chegado a Roma, não precisa nem de paganismo, nem mesmo de judaísmo. Ele é autossuficiente e deve ser pregado sem nenhuma mistura, pois o Evangelho é a maior de todas as tecnologias já inventadas, e continuará sendo, pois ele é o remédio para a alma de todo homem.

Por isso, feita esta breve introdução, eu, apelidado de "o profeta" por causa do modo como tenho transmitido os meus pronunciamentos e propagado uma mensagem aos que caminham comigo, venho, com esta carta, trazer a você a mensagem genuína do maior dos mensageiros, resgatando o seu sentido original para que a nossa geração e as futuras tenham a oportunidade de experimentar, desde esse nosso tempo, a maravilhosa liberdade e o engrandecimento que aquelas palavras quiseram conferir a nós, seres humanos, desde o início.

Esteja com a mente aberta, prepare o seu coração, esteja atento e receptivo, e, como se toma o cálice de um *bom vinho* quando é servido, é a hora de degustar o melhor que há para a sua vida.

O NOVO Vinho

Oapóstolo Paulo é conhecido por muita gente no mundo cristão. A maior parte da cultura no Ocidente é cristã, em parte por sua influência. Assim, penso que Paulo dispensa apresentações. Foi ele quem escreveu o seguinte texto, em uma de suas cartas:

> *Eu vos sirvo com o* bom vinho *guardado nos séculos esperando a plenitude dos tempos.**
> *O mistério que esteve oculto desde todos os séculos, e em todas as gerações, e que agora foi manifesto aos seus santos.*
>
> (COLOSSENSES 1:26).

ESCREVER CARTAS PARECE QUE É COISA DE PROFETAS!

Imagino que você, meu querido e minha querida, possa estar cansado(a) de algumas ou de muitas das lutas diárias que enfrenta. Se for assim, lembre-se de que todos nós enfrentamos nossas próprias lutas

---

* Esta primeira frase é uma intervenção do próprio autor, não está desse modo no texto bíblico.

em menor ou maior grau, luta contra governos corruptos que fazem o país ter um custo muito alto, e lutam por outras necessidades, como educação, saúde, segurança, emprego...

Por outro lado, há pessoas que buscam uma resposta de Deus, uma resposta da religião, uma orientação que venha da fé e da esperança que essas pessoas ainda mantêm, assim como você.

Entendo que você possa estar indignado e muitas vezes tenha ficado desanimado pela busca constante. Sei como é isso. Além dos que estão cansados, há gente que está à beira da esquizofrenia neste mundo maluco em que vivemos. Pudera! Sabemos que há muitas pessoas se sentindo condenadas por algo que fizeram, marginalizadas, sem voz e sem alguém que as represente.

E é exatamente por isso que resolvi escrever esta carta, pois nesse grupo tem pessoas que, assim como eu no passado, vivem no decorrer do tempo uma vida pesada, carregam fardos insuportáveis e difíceis, que a religião e as imposições da sociedade insistem em manter. Esses ditames ou convenções sociais muitas vezes hipócritas.

Eu chamaria a atenção para as pessoas entre os dois grupos que, mesmo vivendo sob essas circunstâncias, mantêm alguma esperança de melhoria, de sobrevida, esperança de alcançarem alguma vitória que possa aliviar o seu sofrimento. Fico feliz por você que não abandonou a esperança, pois, ao final desta carta, estará livre das seis correntes que aprisionam a alma de todo ser humano:

1. Medo;
2. Ignorância;
3. Vaidade dos seus pensamentos;
4. Necessidade de aprovação;
5. Culpa;
6. Autocondenação.

Boa parte das pessoas no nosso mundo Ocidental vive alguma expressão de religiosidade. É natural que o ser humano seja religioso. As ciências humanas, como a antropologia, têm dito que toda cultura (ou a maioria esmagadora delas) tem traços mais ou menos marcantes de expressão religiosa. Somos religiosos por natureza, temos um desejo de eternização ou a esperança de um futuro melhor.

Um sábio do passado, que conhecemos como rei Salomão, escreveu que temos em nosso interior, em nosso espírito, o desejo pela eternização, pela eternidade. Ele escreveu que o próprio Deus colocou em nossa natureza espiritual esse desejo pelo eterno, de modo que a busca pela eternidade ou pela eternização de um legado, de um nome, da própria fama faz parte dessa busca promovida, e por isso que Deus a fez em nós.

> *Ele fez tudo apropriado a seu tempo. Também pôs no coração do homem o anseio pela eternidade; mesmo assim este não consegue compreender inteiramente o que Deus fez.*
>
> (ECLESIASTES 3:11, NVI).

Certamente, é esse desejo pela eternidade que nos move em esperança e nos dá forças para continuar, para insistir e para acreditar que as coisas poderão ser melhores amanhã, e depois e além, até que a vida eterna aconteça de um modo ou de outro.

Sei que existem pessoas que tiveram suas esperanças frustradas e associaram essa frustração com alguma religião ou com o próprio Deus. Elas criaram expectativas altas, fora da realidade, e as coisas não aconteceram como elas esperavam. Tem pessoas que se autointitulam profetas ou videntes e que prometem coisas que jamais irão acontecer, e sempre há alguém que acredita nelas.

Todos nós conhecemos algum caso assim. Talvez tenha acontecido até mesmo em sua própria família ou, pior, você pode ter sido uma pessoa que se decepcionou com a religião. O que posso dizer para você é que reconsidere isso o quanto antes. Reveja, agora com outros olhos, a razão dessa decepção, porque ela não pode estar em Deus nem na fé que você tem. Posso arriscar que houve a intromissão humana de alguém sem credibilidade, que disse algo ou o iludiu, mesmo que em uma pequena dose, mas isso se tornou maior com o tempo.

SIM, RECONSIDERE.

Como disse há pouco, a maioria das culturas no Ocidente, como é o caso do Brasil, ou são culturas de maioria cristã ou têm traços marcantes da fé cristã em seu perfil. Por causa disso, não é difícil entender que pessoas associem uma religião de natureza cristã ao próprio fundador da fé cristã, que é Jesus. Note que fiz uma distinção entre *religião de natureza cristã* (que podem ser muitas) e a própria *fé cristã*, que em tese é uma só. Estamos falando de coisas distintas, está bem?

Entendo que há pessoas que passem mundo afora ligadas a uma religião que se diz cristã, e essas pessoas não enfrentem problemas com a religião que seguem. Essas pessoas levam suas vidas na boa, tranquilas, sem sobressaltos. Pode ser que façam o bem ao próximo, que ajudem os necessitados, que se envolvam mais com a organização religiosa, levem a mensagem e saiam ilesas no final das contas, sem se decepcionarem com qualquer coisa. Mas, como disse, há quem seja machucado por esses sistemas que existem por aí, e as coisas podem não sair muito bem para elas no final das contas.

Nesse grupo de pessoas que se frustram com a religião, é fácil encontrar aqueles que associam Jesus ao sistema religioso que os decepcionou. No Brasil, um país cristão por natureza, há muito disso. Mas penso que é um erro fazer essa associação imediata de Jesus com alguma religião, uma vez que Jesus não veio para fundar nenhuma delas nem uma estrutura religiosa, menos ainda para fundar um partido político, já que hoje em dia até eles usam o nome de Jesus para conseguir eleitores.

Nos últimos anos, tem sido muito comum fazerem associações de Jesus com determinadas ideologias políticas, mas isso é um erro. O mais correto é dizer que Jesus veio trazer o *bom vinho* que estava guardado, esperando o momento certo de ser aberto e servido. E é isto que quero com esta carta: compartilhar algo sobre o *bom vinho* que Jesus veio trazer ao mundo. Mas farei isso com amor e com respeito pelas pessoas que pensam diferente de mim.

O tempo que vivemos é marcado pelo que chamam de "pós-verdade", tempo do relativismo em que cada um tem a sua verdade e a ela se apega. Mesmo assim, podemos e devemos sempre procurar o diálogo com pessoas que pensam diferente de nós, pois assim nos relacionamos e descobrimos o mundo inteiro pelo olhar dos outros. É uma descoberta fantástica, e pode ser que a gente se dê bem, pois é possível que essa pessoa tenha enxergado o mundo de uma maneira interessante e isso venha agregar algo positivo à nossa própria experiência.

Por essa razão é que quero dar a você essa perspectiva do *novo* e do *bom vinho* de Jesus. Devo dizer que é dele que tenho bebido e por meio do qual tenho experimentado grande alegria e tranquilidade, mesmo passando pelas aflições e pelas estações difíceis que o mundo nos impõe, muitas das quais fazem parte da própria experiência humana.

DA ÁGUA PARA O Bom Vinho

Mas, o que é isso que tenho chamado de *bom vinho*?

Primeiramente, quero lembrá-lo de uma passagem do Evangelho em que essa ideia de haver um *bom vinho* está associada à pessoa de Jesus. Essa explicação é necessária, já que há pouco eu disse que considero ineficaz ligar o nome Jesus a determinadas ideologias e maneiras de ver o mundo.

Mas vamos lá. A situação é a seguinte. O vinho é um alimento marcante nas culturas mediterrâneas, e Israel é um desses países. Assim, o vinho é uma tradição entre o povo daquele país há milênios. Jesus estava em uma festa de casamento em uma cidade chamada Caná, cidade que existe ainda hoje e fica na região norte do país, chamada Galileia. Como de costume, os noivos serviam primeiramente o vinho de melhor qualidade e, quando os convidados já estavam satisfeitos – alguns um tanto alegres e beirando a embriaguez –, um vinho de qualidade inferior era servido.

No decorrer da festa houve um imprevisto: o vinho acabou. Disseram isso a Jesus, e ele se prontificou a resolver a situação. Mas o que fez para solucionar o problema foi algo inusitado, inédito; aliás, aquele foi o seu primeiro milagre, segundo os Evangelhos.

Jesus mandou encher com água umas talhas que estavam naquela casa. Talhas eram como que enormes recipientes de pedra, parecidos com baldes. Depois que encheram as talhas, ele disse ao mestre-sala, o responsável pelo bom andamento da festa, que servisse aquele conteúdo. Para surpresa de todos, o vinho era de excelente qualidade, o que certamente despertou comentários, uma vez que o costume era servir por último o vinho inferior. Mas agora eles estavam bebendo o melhor vinho, *o bom vinho*, que era para ser servido no início da festa!

Todos os milagres feitos por Jesus não eram meramente manifestações megalomaníacas. Eles não eram feitos para chamar a atenção para si mesmo nem eram recursos de *marketing* para a exaltação da sua pessoa. Tem sido dito que os milagres de Jesus tinham um caráter pedagógico. Eu explico isso.

Por onde Jesus ia, uma multidão o seguia. Em seu país, havia muito desemprego naqueles dias, e a multidão que o seguia não tinha recursos para o próprio sustento.

Um dia, quando milhares de pessoas famintas o seguiram até o deserto, elas foram alimentadas graças a um de seus milagres. Ele fez a multiplicação de cinco pães e dois peixinhos de tal modo que toda aquela gente foi alimentada.

Em seguida, Jesus disse: "Eu Sou o Pão da Vida" (João 6:35-51). E de fato ele foi! Quando curou um cego, ele disse que era "a Luz do mundo" (João 8:12; 9:5). Ele disse ser "a Luz do mundo" (João 8:12; 9:5) na ocasião da cura de um cego e que era "a Ressurreição e a vida" (João 11:25) imediatamente antes da ressureição de Lázaro, que tinha sido morto havia alguns dias. Por fim, sobre a esperança de as pessoas de fé irem para o céu, referindo-se a um encontro com Deus, ele disse "Eu Sou o caminho, e a verdade, e a vida, ninguém vem ao Pai, a não ser por mim" (João 14:6).

Então, note como os milagres feitos por Jesus trouxeram um ingrediente de ensino que apontava para uma verdade universal. Aqueles milagres não tinham meramente a intenção de deixar as pessoas maravilhadas com o espetáculo, mas visavam levá-las a refletir sobre a declaração que Jesus fazia na ocasião em que realizou aqueles sinais.

Particularmente, nesta última afirmação que fez, de que ele é o caminho, a verdade e a vida, há um detalhe curioso que passa despercebido pela maioria das pessoas. Os sistemas religiosos do Oriente, as religiões orientais em geral, buscam encontrar o caminho do equilíbrio, o caminho da iluminação do espírito. O taoísmo, por exemplo, é um desses sistemas, tanto que se pode traduzir "Tao" por "caminho".

Uma das grandes questões da filosofia grega de séculos antes de Jesus era sobre a verdade: o que ela é? Pilatos, durante um julgamento, ao ouvir de Jesus que ele testemunhava a verdade, como que zombou de Jesus, perguntando: "Que é a verdade?". Ora, para Pilatos, que fora educado na cultura grega, era um abuso da parte de Jesus, o pregador de uma região marginal no Império, dar a entender que sabia mais do que Sócrates, Aristóteles, Platão e outros filósofos que gastaram suas vidas em busca da resposta a tal pergunta.

Para os gregos, a palavra Verdade é "Aletheia", que significa algo evidente aos olhos, perceptível aos olhos do corpo e da razão. Amo esse significado, ainda mais quando é aplicado a Jesus, pois Ele é a imagem do Deus invisível, Ele é a manifestação do que estava oculto.

Por fim, a vida é o que as religiões mesopotâmicas e em Canaã procuravam encontrar com seus sacrifícios de derramamento de sangue, como acontecia em Israel, desde os tempos de Moisés. Assim, ao afirmar que era "o caminho, e a verdade, e a vida",

Jesus estava dizendo que era a resposta para todos os sistemas filosóficos e religiosos, em toda parte, em todos os tempos! Ele é o caminho para as religiões orientais, é a verdade para quem gosta de filosofia e é a vida para aqueles que se dedicam à religião.

Mas voltemos à festa de casamento em Caná, quando Jesus transformou a água em um *bom vinho*, um dos símbolos da alegria na literatura antiga. Os judeus tinham uma tradição literária, iniciada por Moisés, a quem é atribuída a escrita dos cinco primeiros livros da Bíblia hebraica. Nós os conhecemos por Pentateuco, composto por Gênesis, Êxodo, Levítico, Números e Deuteronômio.

Para os judeus, o sistema religioso iniciado por Moisés, que desenvolveu as leis que regulavam a sociedade antiga, era como água, algo vital para nossa sobrevivência, mas não um elemento de celebração, de festejo; ela mantém a vida, mas não é o que você usa para celebrar; exatamente assim foi a Lei de Moisés, como água, extremamente necessária à sobrevivência da humanidade, pois uma sociedade sem normas, regras e leis não pode sobreviver, assim como a criança que não tem suas faculdades bem estabelecidas; ela precisa de leis e regras. Assim era o estado da humanidade na época de Moisés, infantil no entendimento; os seres humanos eram completamente influenciados pela cultura pagã e hedonista, o prazer era o objetivo do homem; então a Lei fez muito bem o seu papel, guiar a humanidade até aquele momento histórico e parar por ali, pois ninguém celebra com água. Então Jesus se manifesta e traz não somente o vinho, que é o elemento de celebração, Ele traz o *bom vinho*. E, ao transformar a água em vinho, Ele estava anunciando: "Foi para isso que eu vim, para transformar a Lei de Moisés, o Antigo Testamento, a Água, no novo Testamento, no Evangelho, no *bom vinho,* vim trazer celebração".

Ao transformar a água em vinho no final da festa, Jesus começa a mostrar que tipo de missão Ele veio realizar. Esse milagre suporta a ideia de que o *bom vinho* de Jesus é a nova revelação que estava por trazer – haja vista que o trabalho público do Mestre praticamente começou a partir daquela festa. Sim, foi depois daquele milagre que ele saiu por aí a pregar, ensinar e curar pessoas.

O *bom vinho* é o entendimento de algo no Livro Sagrado chamado de "O Mistério Oculto". O mesmo Paulo referiu-se a ele algumas vezes:

> *Ora, àquele que tem poder para confirmá--los pelo meu evangelho e pela proclamação de Jesus Cristo, de acordo com a revelação do mistério oculto nos tempos passados.*
>
> (ROMANOS 16:25).

> *O mistério que esteve oculto durante épocas e gerações, mas que agora foi manifestado a seus santos.*
>
> (COLOSSENSES 1:26).

> *Pelo contrário, falamos da sabedoria de Deus, do mistério que estava oculto, o qual Deus preordenou, antes do princípio das eras, para a nossa glória.*
>
> (1CORÍNTIOS 2:7).

Esse mistério estava escondido, mas com Jesus veio a revelação, que está acessível àqueles que querem compreendê-la. E esse é o entendimento da chamada Nova Aliança, é o conhecimento da genuína graça de Deus em verdade, isto é, em Jesus, que é a Verdade. Veja como as coisas começam a fazer sentido e se encaixar!

Acredito que passo a contribuição nesta minha carta para você, meu leitor, e que de uma vez por todas possa entender as palavras de graça e amor, de juízo e justiça que Jesus e seus apóstolos disseram. Suas palavras mudam as pessoas, e as pessoas mudam o mundo; alguém já disse essa frase antes de mim, de modo que isso não é uma profecia.

A palavra está na base do nosso pensamento. Pensamos por meio de palavras, de acordo com o vocabulário de cada um, e, à medida que pensamos, temos boas ideias. Se elas forem colocadas em prática, poderemos fazer coisas melhores.

Desse modo, sei que, por trás destas palavras, como graça e amor, juízo e justiça, há conceitos eternos, universais, que as sociedades de hoje deixaram de lado. No entanto, as pessoas continuam carentes de receber o que esses conceitos comportam, o que essas palavras carregam. Há outras palavras além dessas quatro que mencionei, e vamos falar sobre algumas delas.

Ao entender o sentido que essas palavras têm e como podemos vê-las de modo renovado em pleno século 21, tenho certeza de que a paz e a alegria inundarão o seu coração. Se isso acontecer, haverá um novo sentido para a sua vida. Você desfrutará de liberdade mais ampla e experimentará um destemor ou encorajamento que não provou até hoje. Assim, será transformado em uma nova pessoa! E isso não será mérito meu, de modo algum, porque o poder por trás dessas palavras não vem de mim, que sou apenas um canal para transmiti-las a você.

Quando Jesus começa sua pregação, suas primeiras palavras são: "Arrependei-vos porque está próximo o reino dos céus" (Mateus 4:17).

Sabemos que o Novo Testamento foi escrito em grego, e a palavra que aparece nas cópias dos originais desse Evangelho, já que não existem mais os manuscritos originais, e que foi traduzida por "arrependei-vos", deriva da palavra grega *metanoia*. A palavra *metanoia* significa arrependimento, no sentido de uma mudança completa e radical de rumo. É aquele giro de 180 graus!

O arrependimento não quer dizer apenas lamentar-se, chorar ou sentir pesar por alguma coisa que se fez ou que se deixou de fazer. A *tristeza* que sentimos no arrependimento é a reação emocional do corpo quando percebemos que agimos errado.

Uma pequena nota do profeta: não existe fato verdadeiro ou falso, pois, se é um fato, já quer dizer que é verdadeiro, evidente, real. Assim, também não existe arrependimento verdadeiro ou falso, pois arrependimento já diz que é verdadeiro, que aconteceu, autoevidenciado, que a mudança de rota é perceptível, de atitude e comportamento, porque aconteceu uma mudança de mente, chegou uma percepção que não havia antes.

Daí você pode me perguntar: existe arrependimento sem ação? Eu lhe respondo que não. Olhe pra Zaqueu (Lucas 19:8). Ele teve um encontro com Jesus e, ao ouvi-lo, teve uma mudança de mente, uma *metanoia*, um arrependimento – no texto do Novo Testamento, o vocábulo *metanoia* refere-se a transformar a mente, mudar a lógica, a perspectiva, o jeito de olhar as coisas. Em nosso contexto, é alterar a maneira como pensamos que Deus nos vê. Consequentemente ele foi impelido a agir, e disse: "Eu roubava, mas a partir de agora não roubarei mais e ainda restituirei aos pobres o que eu lhes roubei". Note ainda uma coisa interessante: quando Zaqueu, impelido pela *metanoia* que experimentou, disse aquilo, Jesus imediatamente decretou: "Hoje a Salvação chegou a essa casa". Jesus não o esperou de fato fazer o que ele tinha dito para lhe conceder a salvação, o fez no momento do arrependimento, da *metanoia*, da mudança de mente, pois a salvação não é por obras, a salvação se dá na *metanoia*, pois, quando acontece o arrependimento, cedo ou tarde o comportamento seguirá. Esse é um dos grandes desafios dos cristãos e da Igreja, parar de julgar os irmãos porque não se está vendo o comportamento alinhado com a cartilha. Nem sabemos quanto tempo Zaqueu levou para cumprir o que ele tinha dito! O importante é que ele foi salvo.

Este é um bom recado para você: fique firme e siga em frente; ainda que seu comportamento não esteja perfcito, se apaixone cada vez mais por esse Mestre que o salvou, que não o condena e que acreditou em você, e a vida d'Ele em você o ajudará a executar o que você precisa pôr em prática.

Geralmente o arrependimento é seguido de sentimento de tristeza e pesar, que costuma acontecer quando percebemos que cometemos um erro, que fizemos uma coisa infrutífera, sem propósito, quando percebemos que fizemos mal a alguém, ou a nós mesmos, quando vivemos uma vida contra os princípios eternos do Universo e de Deus, e isso só podemos perceber quando ouvimos o Evangelho.

O arrependimento, conforme falam Jesus, Paulo e Pedro em seus textos, está fundamentado no despertar da consciência do espírito que estava adormecida, pela ignorância e pelas práticas da carne. Daí sentimos tristeza por termos perdido tanto tempo longe da verdade.

O texto sagrado é composto por duas porções: o Antigo Testamento, escrito em hebraico por judeus, e o Novo Testamento, escrito em grego por cristãos, em sua maioria judeus convertidos, mas pelo menos um homem de cultura grega: Lucas, que escreveu um Evangelho e o livro de Atos. Além dele, um médico da cultura grega, Paulo, era como que um juiz formado na tradição judaica, mas também tinha uma vasta cultura grega, que era a mais sofisticada da época, digamos assim.

O Antigo Testamento foi escrito há milhares de anos, e sua lógica era a seguinte: Deus é a origem de tudo na vida do homem, tanto do bem como do mal, então eles pensavam dessa maneira: o bem acontece na minha vida, é Deus que está me abençoado; o mal acontece na minha vida, é Deus me castigando; em resumo, faço algo e Deus reage de acordo com as minhas ações, me punindo ou me abençoando.

O livro de Jó exemplifica muito bem como era o raciocínio dos antigos, pois conta a história de sofrimento desse personagem, que tinha alguns "sábios amigos". Eram anciãos, embora houvesse um deles que fosse mais novo do que todos. Quando a vida de Jó desabou devido a uma enfermidade muito severa, além da dor que sofreu com a perda dos filhos, mortos numa tempestade que se abateu sobre a casa onde estavam reunidos, e com os prejuízos de perder os rebanhos, deu-se que os "amigos" de Jó rapidamente vieram consolá-lo. O texto conta que eles ficaram ali por dias trocando ideias com Jó, com a intenção de descobrir a causa daqueles males todos que vieram sobre o pobre homem.

O raciocínio deles estava fechado em uma lógica existente na época, e eles queriam que Jó "entrasse" em seu raciocínio, confirmando os seus pressupostos. E qual era essa "razão" que davam para o sofrimento de Jó? Era a seguinte: Deus é bom e pune o pecador com o mal. Sobre Jó se abateu um mal terrível. Logo, isso aconteceu porque ele cometeu pecado e merece a punição que está sofrendo, e, para se livrar dela, deve confessar o seu pecado.

Há um problema terrível com pessoas que querem encontrar uma razão para tudo que acontece; os religiosos e os cientistas são assim. Ao mesmo tempo que é uma coisa boa, pode ser perigosa, porque nem tudo tem uma explicação objetiva, ou seja, que o B vem depois do A, porque não temos aparelhos, nem sentidos, nem raciocínio para entender tudo sobre o que acontece conosco. Nossa vida é muito complexa e misteriosa. Até Jesus não deu explicação para tudo; veja só os fariseus em João 9. Ao ver o cego de nascença, perguntaram: "Quem pecou para que ele nascesse assim? Ele ou os pais?". E Jesus respondeu: "Nem ele nem os pais, mas assim foi para que se manifeste nele as obras de Deus". Não fique pensando e dizendo a si mesmo se foi isso ou aquilo que fez errado, por isso está sofrendo hoje. Não diga mais isso, nunca mais; comece a crer diferente, pois quando cremos a glória de Deus se manifesta.

Comece um novo capítulo na sua vida e passe a dizer com confiança: na minha vida vão se manifestar as obras de Deus.

Então, voltando a Jó, aparentemente não havia motivo algum para ele sofrer aquele grande mal. Ele era justo, íntegro e bom, como poderia sofrer todo aquele mal? Só havia uma explicação: ele estava cometendo alguma transgressão que ninguém sabia. Por isso os "amigos" de Jó queriam que ele confessasse o seu pecado. Eles pensavam que Jó estava escondendo a verdade, mas, se confessasse publicamente, ele seria curado.

A esse tipo de raciocínio os filósofos chamam de silogismo: parte-se de premissas corretas e chega-se a uma resposta errada. Deus retribuía o bem e punia o mal; Jó estava sofrendo um mal. Conclusão: Jó estava fazendo o mal.

ERA COMO UMA EQUAÇÃO MATEMÁTICA SIMPLES.

Podemos dizer que essa lógica determinou muito do que foi escrito no Antigo Testamento; os autores dos livros daquela parte das Escrituras Sagradas pensavam assim, em termos de retribuição pura e simples, embora nem todos seguissem esse raciocínio.

Já a parte final do Livro Sagrado, o Novo Testamento, trouxe outro modo de pensar a vida e os acontecimentos da existência humana, as consequências dos nossos atos e até mesmo o modo como devemos perceber as causas das coisas que acontecem conosco, em nossa vida profissional, pessoal, familiar e espiritual.

No Novo Testamento, a lógica adotada pelos escritores é: "Deus já fez tudo o que era necessário para vivermos plenamente a nossa vida". Então, apenas recebemos e vivemos uma vida nova, cheia de paz, de alegria e de boas realizações e satisfação pelo dom que Deus nos deu. Nem tudo é determinado por Deus, nossas ações e sentimentos determinam muitas coisas. Em Mateus 7, Jesus disse que com a medida com que medirmos seremos medidos. O modo como tratamos os outros é o modo como seremos tratados; como você crê, é assim que você recebe. São princípios fundamentais da vida e do Universo, que Deus estabeleceu, para que Ele não precise agir toda vez sempre na primeira pessoa. Então veja: Jesus diz que Deus faz nascer o sol sobre justos e injustos. Tudo que Deus tinha que fazer já está feito. Isso acontece mesmo a despeito dos erros que cometeremos e das dificuldades que enfrentaremos, uma vez que somos agraciados pelo mesmo Deus, que pode nos ajudar a reverter os males causados por nossos erros e nos dar condições emocionais e espirituais para suportar essas dificuldades, assim como fez com Jó.

O Livro Sagrado tem sua linguagem própria, então precisamos nos familiarizar com ele e ter clareza de seus termos, para não confundirmos as coisas, ou melhor, as palavras. O que é pecado, por exemplo? As pessoas tratam cada erro como pecado; mas, no meu humilde entendimento, não é assim: precisamos fazer distinção entre erro, obra da carne, transgressão da lei e pecado. De acordo com João 16:8: "Quando Ele vier, o Espírito da Verdade, convencerá o mundo do pecado". Pecado não é uma ação com o corpo, mas uma rebelião do coração contra a voz de Deus (no Éden), contra a autoridade do sacerdote de Deus (no Êxodo), não crer no enviado de Deus (hoje). O pecado é a rebelião do nosso coração contra o que Deus estabeleceu para determinado tempo. Faz sentido aquele velho significado da palavra pecado, que ouvimos desde muito tempo, que significa "errar o alvo". Que alvo? O alvo que Deus estabeleceu para um período, para um povo.

No Éden, o pecado era comer da árvore do conhecimento do bem e do mal. No tempo de Moisés, pecado era se rebelar contra a Lei de Moisés; no nosso tempo, hoje, pecado significa não crer em Jesus. Note, no versículo anteriormente citado, o uso do artigo definido: "convencerá o mundo *do* pecado". Só existe um alvo para nós hoje, que é crer em Jesus; consequentemente, se errarmos esse alvo, pecamos.

Quando cremos em Jesus, acontece como disse João Batista, Ele tira o pecado do mundo (João 1:29).

Quando estamos educando crianças, é normal que nosso relacionamento com elas seja baseado na regra, na norma e na lei: não faça isso, não toque naquilo, não e não e não, é basicamente tudo "não". Mas depois que elas crescem, não é sadio continuarmos a dizer: "Meu filho, não coloque o dedo na tomada, porque dá choque". O filho cresceu e já tem suas faculdades estabelecidas para saber o que não deve fazer. Fazendo o paralelo com a humanidade e os Dez Mandamentos, o povo hebreu que tinha acabado de sair do Egito, de uma cultura com valores diferentes do que Deus tinha com seu povo, precisava de normas, regras e leis, então Moisés traz a lei que diz: não devemos roubar, se fizermos assim ficaremos protegidos de sermos presos, julgados e condenados; mas esse mandamento também protege o bem ou a propriedade privada de terceiros. Assim o povo poderia viver em sociedade harmoniosamente. Assim funcionava para todos os mandamentos.

Deus quer que todos vivamos bem, em paz e em harmonia no planeta, de modo que, se cruzarmos "a linha", provocaremos um desequilíbrio, uma desarmonia. As consequências virão, e teremos que assumir a responsabilidade pelos erros e sofrer os danos por aquilo que fizemos. A coisa é simples, embora muita gente não aceite que seja assim.

Enfim, para resumir, todos os erros, transgressões e pecados que cometemos ontem, os que cometemos hoje e aqueles que cometeremos amanhã já foram julgados por Deus, condenados, castigados e perdoados, de uma vez por todas, para sempre. Sim, transgressões (na linguagem jurídica) ou pecados (na linguagem religiosa) geram algum tipo de punição ou castigo. Mas no mundo espiritual, na dimensão do espírito, no metafisico, no reino dos céus, alguém já pagou por isso, sofrendo a punição, isto é, o castigo, e recebeu o perdão.

Jesus é a pessoa que recebeu isso. Seu mérito em nosso favor foi receber o castigo na cruz do Calvário, em um julgamento feito por homens, mas que embutia elementos do mundo espiritual. O fogo da ira de Deus por transgressões cometidas pela humanidade foi despejado sobre o corpo de Jesus, que nos substituiu a todos, morrendo em nosso lugar. Chamamos isso de sacrifício substitutivo, que é quando um ser paga pelo erro ou pecado do outro.

O que Jesus realizou na cruz definiu um novo padrão pelo qual Deus lidaria com as nossas transgressões ou pecados. Sobre Jesus recaiu a maior punição que alguém poderia receber de Deus, mas, em contrapartida, também por meio de Jesus nos chega a maior de todas as bênçãos, que é a cura e o perdão dos pecados para aqueles que dão crédito ao que ele fez por nós. E isso é para sempre, como escreveu um profeta do Antigo Testamento, Isaías:

> *Certamente ele tomou sobre si as nossas enfermidades e sobre si levou as nossas doenças, contudo nós o consideramos castigado por Deus, por ele atingido e afligido. Mas ele foi transpassado por causa das nossas transgressões, foi esmagado por causa de nossas iniquidades; o castigo que nos trouxe paz estava sobre ele, e pelas suas feridas fomos curados.*
>
> (ISAÍAS 53:4,5)

Essa ideia de que um poderia substituir o outro já estava sugerida no Antigo Testamento dos judeus diversas vezes. A primeira delas aconteceu quando Adão e Eva foram expulsos do Éden.

O livro do Gênesis diz que, a certa altura da vida no Éden, após comerem o fruto proibido (cuja árvore a Bíblia chama de árvore do conhecimento do bem e do mal), os dois perceberam que estavam nus. Sabemos que a desobediência que levou ao pecado causou a nudez de ambos, e, assim, se tornaram pessoas comuns, pecadoras: eles perderam a glória, uma espécie de iluminação que cobria seus corpos, impedindo de perceberem a própria nudez.

Lembre-se de que Moisés, depois de descer do Monte Sinai, onde esteve por dias recebendo de Deus as tábuas de pedra com os Dez Mandamentos, tinha o rosto resplandecente, tamanha a glória de Deus que se manifestava nele. Do mesmo modo, o corpo de Jesus resplandeceu na ocasião da transfiguração, como Mateus escreveu:

> *Seis dias depois, Jesus tomou consigo Pedro, Tiago e João, irmão de Tiago, e os levou, em particular, a um alto monte. Ali ele foi transfigurado diante deles. Sua face brilhou como o Sol, e suas roupas se tornaram brancas como a luz.*
>
> (MATEUS 17:1,2, NVI).

Hernanes

Quando saiu do Éden, sem a glória que tinham anteriormente, o casal expulso precisou fazer vestes para si usando folhas de figueira. Ora, cortadas do pé, as folhas secariam em um ou dois dias. Então, diz o Gênesis que Deus providenciou roupas com peles de animais.

Outra vez que a ideia da substituição ficou bem clara também foi em Gênesis, envolvendo Abraão e Isaque, seu filho. Abraão recebeu de Deus uma ordem para sacrificar seu filho em um altar. Um comando difícil de obedecer, mas ele obedeceu, e o menino, não sabemos a que custo, foi obediente. Abraão preparou o ambiente, usou o material que tinha de ser usado nesse tipo de ritual e estava prestes a enfiar uma faca comprida no corpo do garoto quando um anjo apareceu. Aquele anjo livrou a pele de Isaque. Ele disse a Abraão que Deus tinha provado a fé dele, e ele estava aprovado. Então, deveria tirar Isaque de cima do altar e substituí-lo por um cordeiro que estava por ali, enroscado em um arbusto.

Tanto uma quanto outra história têm a mesma ideia embutida: a substituição de um animal, que perde a vida para que os homens não precisem perder a deles. Ambas ilustram o conceito de substituição que o Antigo Testamento anunciou a respeito de Jesus.

Na saída do Éden, algum animal, provavelmente um cordeiro, morreu para que o casal fosse coberto com roupas que durassem mais do que um ou dois dias, como no caso das folhas de figueira. No monte em que estavam Abraão e Isaque, outro cordeiro substituiu o jovem que por pouco não perdeu a vida.

No Novo Testamento, logo no início do texto do Evangelho de João, Jesus entrou na fila para ser batizado por João Batista, que pregava uma mensagem de arrependimento, como já vimos, e as pessoas arrependidas eram batizadas no rio Jordão. Quando Batista viu Jesus se aproximando, disse: "Eis o Cordeiro de Deus, que tira o pecado do mundo".

Naquele momento, a pessoa de Jesus foi associada àquelas ocorrências do Antigo Testamento, a da saída do Éden e a de Isaque. Estava cumprida uma das mais importantes mensagens premonitórias da história da humanidade, e recebemos aquele que pode ser considerado o maior presente que uma pessoa pode receber de Deus!

E então, animado para saber mais sobre essas novidades que podemos desfrutar? Então, na linguagem do mundo dos vinhos, vamos começar a degustação!

PREPARANDO sua mente

Você já precisou mudar a forma de se referir ou chamar alguém próximo, como um irmão ou amigo? Refiro-me ao modo de tratar essa pessoa pelo nome, quando sempre se dirigiu a ela pelo apelido. Como é difícil, não é? Experimento isso com meus irmãos; passei a infância e a adolescência chamando-os pelo apelido, mas crescemos e temos amigos que fizemos já na fase adulta e que não os conhecem pelo apelido, então tenho que me referir a eles chamando-os pelo nome. Como é difícil, algo tão simples, mas ao mesmo tempo tão complicado, somente porque o cérebro não gosta de mudança. A mudança demanda muita energia, pois temos que estar atentos ao nosso comportamento ou fala do início ao fim; e é por isso que, após uma informação ser aprendida e implantada no cérebro, mudar o caminho do impulso nervoso é demasiadamente complicado. Falei de uma simples informação, um simples nome. Imagine o quão difícil é mudar um comportamento, um hábito estabelecido, uma crença, uma forma de ver o mundo, um paradigma.

Voltando ao nosso exemplo, chamar meus irmãos pelo nome depois de fazer isso pelo apelido durante muito tempo parece soar falso, forçado. É uma sensação estranha. Se você não passou por isso ainda, tente fazer esse exercício ao menos uma vez para sentir como o seu cérebro se comporta.

Esse exemplo ou exercício que propus se assemelha à transformação que vou lhe propor. E a minha intenção é lhe dar uma nova proposta de ver o mundo, um novo entendimento de ver a vida, de ver Deus, a Bíblia e a religião. Como falei antes, é experimentar uma verdadeira *metanoia*, uma mudança de lógica e de mente.

Como normalmente vivemos boa parte da vida pensando e agindo de um modo quase automático, sem cobranças por mudanças ou melhorias, saiba que é natural que isso pareça algo muito difícil. E, de fato, será!

Seu cérebro se recusa a submeter-se a toda e qualquer mudança, como mencionei antes. Ele irá querer manter as coisas como sempre foram e terá um forte aliado: Isaac Newton. Parece brincadeira, mas é isso mesmo, pois o cientista formulou o princípio da inércia, que todos aprendemos na escola, o qual diz que um objeto em repouso permanecerá em repouso até que uma força o faça entrar em movimento, e um corpo que está em movimento permanecerá em movimento até que uma força o faça parar.

É certo que ele descrevia os fenômenos da natureza, mas é impressionante como esse mesmo fenômeno se aplica ao nosso cérebro e ao nosso corpo. É por isso que, quando temos o hábito de fazer determinada coisa, permaneceremos em movimento, fazendo isso, até mesmo inconscientemente, obedecendo ao princípio de Newton, e só paramos de fazê-la se uma força nos forçar a isso. O oposto também é verdadeiro: se queremos estabelecer um novo hábito (ir à academia, fazer uma dieta, aprender uma nova língua, por exemplo), temos que vencer a inércia, pois todo objeto, ou, em nosso caso, todo sistema cérebro-corpo que está parado, tenderá a permanecer parado até que uma força o coloque em movimento. Sim, temos que colocar força, muita força, para exercer em nós mesmos uma mudança, seja ela qual for, desde algo simples em nosso jeito de falar, até coisas mais complexas como nosso comportamento e hábitos.

Em princípio, a boa intenção que você tem parecerá falsa, desonesta, mentirosa ou até boa demais para ser verdade; daí o descrédito que cérebro-corpo irá querer fazer colar em você e levá-lo a convencer-se de que não vai dar certo, que as coisas não irão funcionar tão bem *com você*, como parece. Com os outros, sim! Mas com você? Ele vai convencê-lo de que não funcionará. O nosso cérebro é muito bom em nos contar histórias tristes e arrumar desculpas para que a gente não mude, mas temos que nos lembrar sempre que o único objetivo dele, cérebro-corpo, é não gastar energia para que a gente possa sobreviver. Mas não queremos só sobreviver, queremos viver, experimentar coisas maravilhosas e, acima de tudo, sentir o amor de Deus por nós; entretanto, só vamos experimentar coisas novas fazendo coisas diferentes, e, para fazer coisas diferentes, temos que vencer a inércia, por meio de uma grande força de vontade, gerada frequentemente por alguma dor ou por um entendimento profundo de como as coisas funcionam; e lembre-se, só há vida e amor fora da zona de preservação da espécie. Em outras palavras, fora da zona de conforto.

Entendendo um pouco melhor sobre o cérebro, pois esse é um argumento que me fascina, há uma matéria chamada neurolinguística, que é a ciência que estuda o modo como acontecem os pensamentos e os demais processos cerebrais. Uma das coisas mais interessantes é o funcionamento básico do pensamento, digo, do acesso às memórias que temos. Segundo a neurolinguística, o cérebro é formado por um tipo de "caminho", por onde passam os neurotransmissores. Eles são responsáveis pelo leva-e-traz das informações que guardamos na memória.

Mas esses "caminhos" são interrompidos a cada espaço, e interligados por uma espécie de "ponte" que os une novamente. Essas "pontes" são as sinapses. Quando pensamos sempre as mesmas coisas, falamos sempre o mesmo ou fazemos atividades semelhantes, os caminhos percorridos pelos neurotransmissores como que se acostumam a passar pelos mesmos caminhos e pelas mesmas pontes. Por isso a inércia acontece, porque dá muito menos trabalho e gastamos muito menos energia quando passamos pelos caminhos que já estão feitos dentro de uma floresta, por exemplo, ou passamos por cima de um rio que já tem uma ponte, do que querer mudar sempre os caminhos e ter que construir esses caminhos novos e novas pontes; ou seja, o governo constrói novos caminhos e novas pontes somente quando tem muita necessidade, ou pelo menos era assim que deveria ser. Expliquei tudo isso porque o processo de construir um novo hábito em nós equivale ao processo de construir uma estrada ou uma ponte no mundo fora de nós.

O hábito é tão poderoso, a inércia é tão poderosa e nos domina tanto que Salomão escreveu em Provérbios

22:6: "Ensina a criança o caminho em que deve andar e ainda quando for velho permanecerá no mesmo caminho". É assim mesmo, a maioria de nós tem os mesmos padrões de pensamentos, sentimentos, comportamentos e, mais poderoso ainda, o mesmo padrão de paradigmas que tínhamos quando crianças. O ponto é que agora já somos homens e mulheres feitos, experimentamos tantas coisas, mas há uma mentalidade predominante em nós que vem desde a infância.

Quantas vezes ouvi: "Nasci assim, vou morrer assim; nasci nessa religião, vou morrer nela; sou desse partido ou desse time de futebol porque minha família me ensinou assim e vou morrer assim". Deixe-me ser claro que não quero forçá-lo a mudar nada, só quero propor, como disse antes, uma *metanoia*, uma mudança de lógica, de entendimento, para trazer liberdade, maior amplitude de visão, e depois você decide o que fazer. Vou propor uma pequena tarefa: aprenda e decore uma nova música, se possível de um estilo ao qual você não está acostumado. Para lhe mostrar o quanto você está apenas repetindo os mesmos padrões aprendidos na juventude, quero lhe perguntar algo: quanto tempo faz que você não decora uma nova música?

Quando a pessoa não usa muito a cabeça, quando ela não pensa muito, aceita tudo como vier, não questiona, não critica, não inova, não se atualiza, é possível que os caminhos alternativos e as pontes fiquem obstruídos. É como aquele caminho de terra pelo meio do mato. Se passarmos por ali sempre, o mato não invadirá o caminho; mas, se não passarmos sempre por ali, o mato irá crescer, e o caminho logo ficará interditado. Interessante esse nosso cérebro, né? Como se assemelha ao mundo físico fora de nós, e digo mais, o mundo externo é tão somente um espelho do nosso mundo interno.

Ok, já falei demais, agora vamos voltar ao cerne de nossa questão com esta carta; depois dessa introdução, é possível entendermos duas passagens do Livro Sagrado em que ele nos recomenda "usar a cabeça". Isso mesmo, colocar os pensamentos em atividade, para evitar que os caminhos do cérebro fiquem interditados.

A primeira passagem está no livro de Josué, que foi o sucessor de Moisés. Moisés havia sido um grande administrador e um líder muito bom. Ele recebeu de Deus a promessa de que levaria o seu povo para a Terra Prometida. Mas ele morreu, e o velório se estendeu por cerca de trinta dias. Estava demorando demais, então Deus disse a Josué que tomasse o livro no qual Moisés escrevera as promessas, lesse-as e pensasse nelas o dia todo. Se Josué ficasse velando Moisés, provavelmente se afastaria das promessas e daria lugar ao medo, ao temor de que não seria capaz de continuar aquilo que agora era a sua missão.

> *Não deixe de falar as palavras deste Livro da Lei e de meditar nelas de dia e de noite, para que você cumpra fielmente tudo o que nele está escrito. Só então os seus caminhos prosperarão e você será bem-sucedido.*
>
> (JOSUÉ 1:8, NVI).

A segunda passagem, mais uma das escritas por Paulo, diz algo parecido, mas de alcance universal. O texto diz:

> *Finalmente, irmãos, tudo o que for verdadeiro, tudo o que for nobre, tudo o que for correto, tudo o que for puro, tudo o que for amável, tudo o que for de boa fama, se houver algo de excelente ou digno de louvor, pensem nessas coisas.*
>
> (FILIPENSES 4:8).

Lembra-se do ditado que diz que mente vazia é oficina do diabo? E o profeta completa: uma mente sem um objetivo claro é um campo fértil para plantação do diabo.

A *metanoia* acontece à medida que colocamos a cabeça para pensar em coisas novas e diferentes, coisas melhores, coisas que estão propostas pelo Livro Sagrado. Não seguindo a vaidade, a inutilidade dos nossos próprios pensamentos, que são os pensamentos aprendidos com o sistema mundano e corrupto. Não temos resultados melhores nem diferentes fazendo sempre as mesmas coisas, já disse alguém anteriormente.

Aguente firme, porque aumentaremos a pressão, e, se você aguentá-la, conquistará a recompensa de uma vida leve e marcada por vitórias e alegrias!

VERSANDO O
Bom Vinho

O *BOM VINHO* SERÁ DERRAMADO A PARTIR DE AGORA.

Leia com atenção esta frase: "Você guardou o *bom vinho* até agora, disse o mestre-sala ao esposo" (João 2:10).

Boom! Essa frase "explodiu" em minha mente quando li o relato de João sobre as bodas de Caná. As bodas eram a festa de casamento na qual Jesus realizou a transformação da água em vinho. Mas, especificamente, essa afirmação é muito especial para mim. Ela fez os meus olhos se abrirem como nunca antes!

O texto sagrado diz "o mestre-sala", ou, em outras palavras, o encarregado da festa, "disse ao esposo". Quando aplicamos nossa visão para entendermos esse texto profeticamente, nos perguntamos: o esposo do texto está representando quem? Quem é o esposo maior? Quem é o esposo da humanidade? Quem trata seu povo como esposa? Isaías 54:5 responde: "O teu criador é teu esposo".

A Bíblia explica a própria Bíblia. Agora temos o entendimento da dimensão profética do texto de João 2. O Esposo dos esposos é Deus, o Pai, o criador de todas as coisas; ele é o dono da festa, foi Ele quem guardou o Bom Vinho até agora. Penso que tenha ficado claro, mas você pode perguntar: se Deus é o esposo, quem é o encarregado da festa, ou o mestre-sala? Até aquele momento o mestre-sala era Moisés, a lei e os profetas, que serviram o povo até aquela ocasião.

E quem representava o vinho? Só pode ser Jesus, o Filho. A Bíblia mesmo é que responde, veja a seguir.

Paulo escreveu que "Na *plenitude* dos tempos, Deus enviou seu filho" (Gálatas 4:4-9; ênfase acrescentada). Isto é, quando o mundo tivesse certa maturidade, por assim, dizer, depois de diversas coisas terem acontecido em diferentes lugares, Deus enviou o seu Filho. Sabemos que muitos dos homens do seu tempo não aceitaram nem receberam bem Jesus. Mas, independentemente disso, muitos outros o receberam de coração aberto e o fazem assim ainda hoje.

Há um grupo de pessoas que têm mais facilidade para receber Jesus; são os doentes. Jesus disse que não veio para os sadios, para aqueles que se acham autossuficientes por entenderem só a dimensão da matéria e são ignorantes na esfera espiritual. Por esses Jesus não pode fazer nada.

O que ou quem é o Bom Vinho? Vamos deixar a Bíblia mais uma vez responder: "Tomando o cálice de vinho, ele disse: Bebei dele todos, porque isto é o meu sangue que é derramado por muitos, para o perdão dos pecados". (Mateus 26:27-28). O vinho é o símbolo do Sangue de Jesus, e o Sangue é a própria vida de Jesus, é Jesus. Por que derramado por muitos, e não por todos? Simples, pois nem todos creem, e quem não crer não tem seus pecados perdoados.

Desde o Antigo Testamento, o sangue era um elemento presente na religião de Israel. Há pouco comentei sobre isso, quando relatei que, para dar ao casal que foi expulso do Éden roupas dignas, que fossem duráveis, algum animal precisou ser morto. Aquilo envolveu derramamento de sangue.

A razão pela qual o Gênesis diz que Deus rejeitou a oferta de Caim, mas aceitou a oferta de Abel, também tem a ver com o derramamento de sangue. Ao oferecer, como Gênesis diz, "o fruto da terra", Caim trouxe produtos da agricultura, o fruto do campo. Deus rejeitou. Mas a oferta de Abel foi aceita, porque ele trouxe o sacrifício animal, que envolvia o derramamento de sangue. Ao fazer isso, Abel certamente considerou que era preciso apresentar-se a Deus demonstrando entendimento de que só o sangue derramado pode livrar o homem do julgamento divino; as folhas, isto é, figuradamente, as boas obras e boas ações, por mais que sejam boas e necessárias, não livram o homem do juízo, daí que o sangue derramado era a expressão desse gesto implícito. Você percebe isso?

Veja como há uma linha de raciocínio entre as histórias do Livro Sagrado. Muitos anos depois, Abraão, ao sacrificar o animal em lugar de seu filho Isaque, precisou derramar sangue também. A base dos rituais judaicos no passado era o derramamento de sangue. E qual a razão para isso? Deus, sendo santo, não tolera o pecado. Na perspectiva de Deus, quem pecar deveria morrer. Como escreveu outro profeta, Ezequiel:

> *Aquele que pecar é que morrerá.*
> *O filho não levará a culpa do pai nem o pai levará a culpa do filho. A justiça do justo lhe será creditada, e a impiedade do ímpio lhe será cobrada.*
> (EZEQUIEL 18:20, NVI).

Mas como preservar a humanidade, já que todos nós pecamos muitas vezes? É aí que entrou o sacrifício substitutivo, que Deus arranjou para evitar que todo mundo tivesse que ser morto. No Antigo Testamento, os pecadores arrependidos sacrificavam um animal em seu lugar, e esse animal era o cordeiro.

Paulo escreveu que Deus foi paciente e tolerante, aceitando provisoriamente esses rituais até que um sacrifício excelente e completamente perfeito fosse feito, para que os animais não precisassem mais morrer. Vimos que esse sacrifício perfeito foi o do Cordeiro de Deus, que livrou o pecado do mundo.

> *Deus o ofereceu [a Jesus] como sacrifício para propiciação [para nos aproximar dele] mediante a fé, pelo seu sangue [de Cristo], demonstrando a sua justiça. Em sua tolerância [de Deus], havia deixado impunes os pecados anteriormente cometidos.*
>
> (ROMANOS 3:25, NVI).

Veja só! Ele esperou até que o sangue inocente de Jesus pagasse o preço que deveríamos pagar, que era morrermos por nossos próprios pecados, derramando o nosso próprio sangue. Observe que aquilo foi um plano perfeito, que livrou a humanidade da perdição eterna e da própria extinção. E que bom que Deus foi paciente e esperou a plenitude dos tempos.

Pois você veja que esse sangue que era derramado na antiguidade dos judeus reaparece no Novo Testamento! É verdade. E ele veio representado na forma do vinho da Ceia (Lucas 22:20). A Ceia original foi uma refeição para os cristãos, mas que começou com uma espécie de jantar judaico. Esse "jantar" era a Páscoa, que celebrava a saída dos judeus escravizados no Egito, que partiram para ocupar a terra que Deus dera a eles, a Terra Santa.

Anualmente os judeus celebravam essa libertação, e, em uma dessas vezes, Jesus e seus discípulos, que eram judeus, tomavam a refeição em um lugar chamado Cenáculo. Enquanto estavam comendo, Jesus pegou uma taça de vinho, pegou um pedaço de pão e ali começaram a celebrar aquilo que chamamos de Santa Ceia do Senhor.

Jesus disse que era para os seus discípulos, em todas as eras, celebrarem a Ceia em sua memória, já que ela representa a morte de Jesus. Ao repartir o pão entre seus discípulos e dar vinho para que bebessem, Jesus realizava uma espécie de encenação do seu corpo morrendo na cruz, simbolizado pelo pão, e o sangue que ele derramou em sua morte, representado pelo vinho.

Veja como a Bíblia tem muitos símbolos interessantes e como eles se completam desde o tempo dos primeiros judeus que ocuparam a Terra Prometida de Israel. E até hoje, quando celebramos a Ceia, fazemos disso uma espécie de corrente de fé em obediência ao que a Bíblia propôs e Jesus nos mandou fazer.

Todos esses símbolos, representações e significados que tenho dito aqui foram comunicados por Deus aos homens. Desde quando Jesus começou a anunciar essa mensagem do céu, ela foi chamada de *Euangelion*, outra palavra grega. Nessa língua, *Euangelion* reúne duas pequenas palavras para dar o seu significado. São elas *eu*, que quer dizer bom, e *vangelion*, que significa notícias.

Então, *Euangelion* quer dizer as boas notícias, a boa notícia que Deus estava dando na plenitude dos tempos, a nova mensagem sobre Deus, que não exigiria mais os antigos sacrifícios com derramamento de sangue, mas exigiria a fé das pessoas *metanoiadas*, um termo que inventei para descrever que tiveram seus entendimentos abertos para entender a solução de Deus para o pecado de Adão, a solução para o mundo, Cristo.

A mensagem do *Euangelion* é a mensagem do amor de Deus e de sua graça. Graça quer dizer favor, daqueles que Deus nos faz sem que mereçamos. Sim, pois dar o próprio filho inocente para morrer em nosso lugar é algo que nenhum pai jamais fez por quem quer que seja. Isso é a graça de Deus, Ele dar o seu filho único para morrer por nós. Em resumo, a própria revelação do Cordeiro de Deus que tirou para "sempre" o pecado do mundo é a boa notícia, é o Evangelho!

> *Porque Deus tanto amou o mundo de tal maneira que deu o seu Filho Unigênito, para que todo o que n'Ele crer não pereça, mas tenha a vida eterna. Pois Deus enviou o seu Filho ao mundo, não para condenar o mundo, mas para que este fosse salvo por meio d'Ele.*
>
> (JOÃO 3:16,17, NVI).

"Por um homem, Adão, entrou o pecado no mundo" (Romanos 5:12), e por outro homem, Jesus, o pecado foi aniquilado.

Agora, veja algo intrigante. Somente essas duas pessoas citadas anteriormente poderiam pecar de modo a interferir radicalmente na ordem das coisas. O pecado dessas duas pessoas poderia modificar, danificar ou ajustar o Universo visível e invisível, o reino dos céus e o reino da Terra. Essas pessoas são Adão e Jesus Cristo, os dois únicos seres que tinham livre-arbítrio pleno, em sua máxima potência.

Costumamos dizer que temos livre-arbítrio, mas na verdade todos os outros seres humanos, além desses dois, vivem apenas sob um arbítrio-condicionado. Lembra-se do que falei sobre o sistema cérebro-corpo, que nos conta histórias para frustrar nossas melhores intenções? É, estamos presos a uma força sem que tenhamos pleno controle e consciência de como ela atua em nós.

> *Pois a carne deseja o que é contrário ao Espírito; e o Espírito, o que é contrário à carne. Eles estão em conflito um com o outro, de modo que vocês não fazem o que desejam.*
>
> (GÁLATAS 5:17).

O nosso arbítrio não é plenamente livre, pois, como disse Paulo, "conhecemos em parte" (1 Coríntios 13:9). Esse conhecimento parcial que temos é o conhecimento da verdade. Não conhecemos o todo, não assimilamos o pleno conhecimento das coisas do nosso mundo e do mundo que não vemos. O mundo é complexo, de fato, e não temos como apreender todo o conhecimento à nossa volta.

Vemos, segundo Paulo, como se olhássemos a realidade por meio de um espelho. Mas os espelhos no tempo em que ele escreveu isso eram muito rudimentares. Eram metais polidos que refletiam uma imagem bastante embaçada. Imagine uma panela de alumínio bem polida e você olhando para ela, tentando ver o seu rosto refletido no fundo dela. Eram assim os espelhos no tempo em que Paulo escreveu isso. Daí você pode perceber que falou que o conhecimento que temos é bem insuficiente diante de tudo o que temos que dar conta.

Se não podemos viver pelo que vemos, já que a nossa "visão" é desse modo tão embaçada, o que nos resta? Se a realidade que vemos não é bem assim, como a física quântica já demonstrou, como dar conta da realidade à nossa volta?

A física quântica diz que as coisas materiais que temos e que tocamos, imaginando serem físicas e concretas, não são. Tudo é um emaranhado de ondas de energia. É assim que são formadas as coisas concretas que pegamos e que tocamos.

Bem, voltando, então, ao que Paulo disse, se nem mesmo as coisas concretas são mesmo concretas, como poderemos viver e confiar no que vemos, se essa visão é embaçada? Nós, que somos da fé, não vivemos por aquilo que os nossos olhos podem ver. Vivemos por fé e por probabilidades, somos uma gota no meio de um oceano de certezas incertas que as pessoas dizem ter.

Parafraseando Tiago, nesse mundo eu diria que somos levados pelas ondas e pelo vento, quando somos influenciados, desde a infância, a acreditar nas coisas que cremos. Somos incorrigivelmente crédulos, queremos crer em algo, nos pegar a algo. Eu arriscaria dizer que mais de 90% das pessoas nunca experimentarão a liberdade que é poder construir o próprio filtro de percepção do mundo à sua volta.

Mesmo aqueles que conseguirem chegar a uma vida espiritual madura, atingindo o ponto de reunirem condições psicológicas, racionais, emocionais e espirituais de criarem seus próprios modelos de percepção de mundo, de desenvolverem senso crítico das coisas que acontecem na sociedade, na política, na economia, no mundo místico e filosófico, ainda assim não chegarão ao nível de consciência de Adão e Cristo.

Nem mesmo essa minoria que citei antes terá total compreensão da realidade material e espiritual que nos cerca. Não terão a liberdade mental suficiente nem conhecimento adequado da realidade para que possam julgar os eventos, os acontecimentos e os mistérios para tomar as decisões certas, e fazer isso sabendo exatamente quais serão as consequências físicas e espirituais que decorrerão daí. Isso porque, como escreveu Paulo, conhecemos somente em parte, não plenamente. Quem tem conhecimento parcial não pode viver plenamente. Diferentemente de Adão e Eva antes da queda de Cristo, que eram plenos no espírito, na mente e no corpo, por isso sabiam o que faziam e sabiam exatamente as consequências que receberiam nos três mundos.

Adão era o ancestral representante daqueles que vieram com o seu DNA, com a mesma genética que temos herdado. Quando Adão pecou, transgredindo o mandamento de Deus de que não deveriam comer certo fruto da árvore que havia sido plantada no Éden, ele morreu espiritualmente. A morte entrou no Éden, o lugar da vida e da perfeição. Ao morrer espiritualmente, Adão perdeu o brilho e a glória de uma vida em estado de inimaginável plenitude.

Assim, ele se tornou um pecador como nós e, por herança, transformou hereditariamente em pecadores todos os seus descendentes. De maneira que, ainda que alguém, homem ou mulher, viesse a este mundo e não cometesse nenhum erro, não errasse nenhum alvo, não cometesse qualquer pecado nem por meio de pensamentos, somente por ser filha e descendente de Adão essa pessoa seria conhecida como pecadora diante de Deus, não importando o bem que pudesse fazer em vida.

Todo homem ou mulher descendente do primeiro casal poderia ser considerado bom pelas pessoas em geral, mas diante de Deus não passaria de mero pecador, porque herdou a natureza inclinada para o erro. Não foi à toa que Paulo escreveu acertadamente: "Não há nenhum justo, nem um sequer" (Romanos 3:10, NVI). Mas lembre-se: essa era a lógica do Antigo Testamento. De lá para cá, muita coisa mudou.

As coisas melhoraram muito em relação a como eram no passado. E sabemos disso. Portanto, prepare-se para receber uma informação que deverá fazer estremecer o seu cérebro. Essa informação deverá provocar uma *metanoia* em você, uma mudança na sua disposição mental. É O Novo Vinho sendo servido a você agora mesmo.

Adão pecou e transmitiu a sua herança genética de pecador a todos nós, mas Jesus não pecou! Ele não cometeu nem conheceu o pecado em sua experiência de vida, na condição em que viveu aqui na Terra, como homem de carne e osso. Contudo, como Cordeiro de Deus, pela ação da transposição ou substituição, Jesus assumiu todos os pecados da humanidade para poder reparar os nossos erros diante de Deus. E nisso, ele também assumiu e recebeu o castigo que esses pecados mereciam, a punição e a condenação sobre sua própria pessoa, para que recebêssemos o perdão de Deus.

Foi uma escolha voluntária que Jesus fez de nos representar na cruz, morrendo em nosso lugar. E é ainda mais interessante que essa decisão de Jesus tenha sido tomada antes de Deus criar o mundo. Leia isto:

> *Todos os habitantes da Terra adorarão a besta, a saber, todos aqueles que não tiveram seus nomes escritos no livro da vida do Cordeiro que foi morto desde a criação do mundo.*
>
> (APOCALIPSE 13:8).

A livre decisão de morrer por nós, antes da criação do mundo, nos ensina que o pecado de Adão, de Eva e de todos nós não pegou Deus de surpresa. Antes de criar a raça humana, Deus sabia que pecaríamos, e Jesus, sendo Deus, prontificou-se a morrer a fim de livrar a criação da perdição eterna.

Isso não é fantástico? Devemos ficar muito animados por saber isso! Essa informação deverá encorajá-lo a lutar por mudanças de vida, por melhorias a cada nova manhã, porque comprova que, antes de abrir os nossos olhos cedinho, Deus já sabe o que faremos naquele dia e já preparou os recursos e as suas bênçãos para que tenhamos êxito naquilo que faremos!

Todos os pecados que você cometeu ontem, os que cometerá hoje e os de amanhã já foram previamente julgados, condenados, castigados e *perdoados* (de uma vez por todas e para sempre!) na pessoa de *Jesus*, na cruz do Calvário. O fogo da ira de Deus consumiu o corpo de Jesus. É isso o que significa o texto do profeta Isaías: "Contudo foi da vontade do Senhor esmagá-lo e fazê-lo sofrer, e, embora o Senhor faça da vida dele uma oferta pela culpa, ele verá sua prole e prolongará seus dias, e a vontade do Senhor prosperará em sua mão" (Isaías 53:10) e "Certamente ele tomou sobre si as nossas enfermidades e sobre si levou as nossas doenças, contudo nós o consideramos castigado por Deus, por ele atingido e afligido" (Isaías 53:4). E isso para sempre e para todas as pessoas que acreditam nisso!

Para finalizar essa parte, faço duas observações. Os "meus amigos" profetas do passado já disseram que essas coisas aconteceriam. Esse Isaías, por exemplo, viveu cerca de setecentos anos antes de Cristo! A segunda coisa é que esse perdão que Jesus conseguiu de Deus em nosso favor é aplicável às pessoas que continuam bebendo do Novo Vinho, ouvindo ou lendo o Evangelho, as boas notícias, que seguem caminhando com Jesus.

Bem, para aceitar algo que aconteceu há milhares de anos, caro leitor, algo de que não temos imagens no YouTube nem no TikTok, não há postagens feitas por alguém que esteve lá, é preciso ter fé. Aliás, esse artigo, a fé, é algo meio que mal compreendido. Se a história de Jesus é contada no Livro Sagrado, é ele que deve nos dizer o significado de fé.

A fé é a capacidade de acreditar na boa notícia de que aquele homem que não cometeu pecado, o Mestre dos mestres, o inocente que pagou pelo pecado de Adão e pelos nossos erros, foi castigado para que você e eu, que éramos filhos de Adão, pecadores no passado – sempre lembrando, éramos pecadores não porque fazíamos coisas erradas, mas por sermos filhos de Adão, era a nossa condição –, passássemos a ser filhos de Abraão por meio da fé, e pela fé fomos transformados em pessoas justas, não no sentido de que fazemos tudo certo, fomos feitos filhos de Deus; em outras palavras, quando Adão pecou e morreu espiritualmente, ele nos doou sua natureza, seu DNA, e quando Cristo obedeceu até a morte na cruz, Ele nos doou também sua natureza, nos deu seu Espírito.

Essa fé é algo tão concreto, tão real, que um escritor, um dos autores do Livro Santo, disse assim a respeito dela: "Ora, a fé é a certeza daquilo que esperamos e a prova das coisas que não vemos" (Hebreus 11:1, NVI). Não há imagens no YouTube nem no TikTok, mas a fé é a prova das coisas que não vemos. A fé se torna mais real e convincente do que imagens e evidências em redes sociais, que sabemos que existem! Que fantástica é essa tal de fé!

Blaise Pascal, aquele matemático e cientista do século 17 que estudamos na escola, escreveu um clássico devocional, *Pensées* (traduzido para o português como *Pensamentos*), no qual lemos: "A fé nos diz o que os sentidos não percebem, mas sem contradizer suas percepções. Ela apenas transcende, sem contradizer". E fez uma cativante defesa do cristianismo: "Jesus Cristo é a única prova do Deus vivo. Nós só conhecemos a Deus por intermédio de Jesus Cristo".

Pela fé no *Euangelion*, na boa notícia, que é a obra de Jesus em nosso favor, nos tornamos filhos de Deus, nos tornamos *justos*. Talvez você já tenha ouvido alguém falar sobre "a obra de Jesus" ou "a obra de Deus". Então, essa obra que muitos cristãos mencionam nada mais é do que crer. É verdade! Ela á basicamente crer em Jesus, como disse o próprio Jesus e foi registrado para a posteridade por outro autor do Livro Sagrado, João: "Jesus respondeu: 'A obra de Deus é esta: crer naquele que ele enviou'" (João 6:29). Ora, quem foi enviado por Deus? Jesus. Então, a obra de Deus é crer nele, em Jesus, o Cordeiro, o Filho.

E sobre eu ter dito que ao crer em Jesus somos justificados, explico o que isso significa. Disse há pouco que não há nenhum justo diante de Deus, porque todos pecamos; somente Jesus não pecou, só Ele conseguiu cumprir todos os mandamentos de Deus. Ele é o único justo em todo o mundo.

Mas... sempre há um "mas", quando temos fé em Jesus e naquilo que ele fez, somos *justificados*. É como se recebêssemos um crédito por nos associarmos a ele pela fé. Posso dar um exemplo que você entenderá facilmente.

Sabe aquele pai que tem conta e cartão de crédito no banco? Então, ele faz um cartão para dependentes e dá um para a esposa e outro para o filho. Quem tem o crédito? É o pai. Mas quem pode usufruir o crédito do pai? A esposa e o filho. Assim, eles são creditados na conta do pai.

Do mesmo modo acontece com quem tem fé em Jesus: essa pessoa se torna justificada, porque tem fé no único justo, como escreveu Paulo – esse Paulo sabia das coisas:

> *Tendo sido, pois, justificados pela fé, temos paz com Deus, por nosso Senhor Jesus Cristo, por meio de quem obtivemos acesso pela fé a esta graça na qual agora estamos firmes; e nos gloriamos na esperança da glória de Deus.*
>
> (ROMANOS 5:1,2, NVI).

A justiça daquele que não quebrou nenhum mandamento de Deus passa para nós, por transposição, e assim somos justificados. Coisa boa!

Acredito que este é um bom momento para fazermos uma oração. Diga assim: "Pai celestial, eu recebo o dom gratuito da vida eterna que o Senhor me deu, em Seu filho Jesus. Eu creio em meu coração que Ele ressuscitou dos mortos e, a partir de hoje, o Senhor Jesus é também o Senhor da minha vida".

> *Se você confessar com a sua boca que Jesus é Senhor e crer em seu coração que Deus o ressuscitou dentre os mortos, será salvo. Pois com o coração se crê para justiça, e com a boca se confessa para salvação.*
>
> (ROMANOS 10:9,10).

Ao fazer essa oração, estou entendendo que a metanoia aconteceu agora mesmo em sua vida. Mesmo se parecer algo distante, acredite (pela fé) que as coisas começarão a mudar em sua vida, porque essas mudanças na disposição mental são sutis, silenciosas. Mudam coisas aparentemente pequenas, por exemplo, seus valores mudam, consequentemente seus pensamentos vão mudando, e como consequência muda o que você sente, daí os sentimentos movem as ações, e quando você se dá conta está agindo diferente, espontaneamente, porque passou pela *metanoia*, você nasceu de novo, livre, porque foi para a liberdade que Jesus o chamou. Não se esforce, só faça como Maria, vá aos pés dele para ouvir os ensinamentos que ele tem para você. Mas você sabe fazer isso? É bem simples, abra o Livro Sagrado em Mateus e vá lendo, com o coração atento, e Ele vai lhe ensinar. Vá até uma igreja, encontre um homem ou uma mulher que tenha experiência com Deus e esteja com o coração aberto para aprender.

Segura firme, porque agora vai ficar ainda mais difícil, requer muita elasticidade mental para entender e crer nestas palavras. Quando nos tornamos filhos de Deus, quando nos tornamos *justos*, ainda iremos cometer vários erros, pelo simples fato de que vivemos em um corpo cuja natureza está inclinada para essa prática.

> *Pois se vocês viverem de acordo com a carne, morrerão; mas, se pelo Espírito fizerem morrer os atos do corpo, viverão, porque todos os que são guiados pelo Espírito de Deus são filhos de Deus.*
>
> (ROMANOS 8:13,14, NVI).

Depois de manifestar a fé em Jesus Cristo e se tornar justo e filho de Deus, você nunca mais volta a ser considerado *pecador* como antes; sua condição diante de Deus mudou; mesmo se você cometer algum erro, Deus não o considerará um pecador; você continua sendo justo. Isto é forte e misterioso, sua condição de pecador não dependia de você, dependia de Adão; agora a mesma lógica se aplica, sua condição de justo não depende de você, uma vez que você já *metanoiou*, você já creu, não tem mais volta, o erro que você comete não muda sua condição diante de Deus; você é filho, você é justo.

Você se torna como o papa. Sabia que ele é o único homem na face da Terra que não pode ser condenado e preso pela Justiça?

Ele pode fazer o que quiser que não pode ser preso. É isso mesmo que você ouviu, ele "não pode". Claro, ele não pode ser condenado diante do tribunal dos homens. Da justiça terrena. É um direito que foi dado ao papa.

Agora olhe a sua condição: você não pode ser mais condenado pelo tribunal de Deus, o grande juiz! Quão poderosa é a obra de Jesus.

Por isso Paulo diz que a palavra da cruz é loucura para os gregos e escândalo para os judeus. É o mistério que esteve oculto desde todos os séculos.

Uma vez que você passou pela *metanoia*, não volta mais àquele estado em que tinha prazer no erro, como quando buscava o prazer a todo custo, ele era seu único objetivo, sem vida moral ou espiritual. Vivemos uma vida nova. Uma vida com propósito.

E entendo se você disser ou pensar assim: *"Oh, meu Deus,* é muito complicado entender isso! É muito difícil aceitar e receber isso". Calma, leitor. Ainda que no começo isso pareça complicado, é necessário ter fé para que as coisas comecem a fazer sentido. Acredite: logo as coisas começarão a ser esclarecidas e você entenderá, assim como eu um dia também tive dificuldade de perceber como isso funciona, até que tudo começou a fazer sentido e a parecer um plano maravilhoso de Deus em meu favor... e em seu também!

O Livro Sagrado diz: "A fé vem por ouvir a mensagem, e a mensagem é ouvida mediante a palavra de Cristo" (Romanos 10:17, NVI). Penso que se a genuína e simples mensagem de Cristo fosse pregada com mais frequência por cristãos, quer nas igrejas, quer nas relações com as pessoas do cotidiano delas, haveria mais entendimento e mais pessoas poderiam seguir a Cristo como seus discípulos.

Infelizmente, hoje em dia muitos pregadores misturam o Evangelho com o judaísmo ou com outros tipos de ideias, filosofias e religiosidade, como se o Evangelho não bastasse; se prega de tudo, menos a pregação de Cristo, as pessoas não se tornam aptas a experimentar a *metanoia*. Paulo disse que "A mensagem da cruz é loucura para os que estão perecendo, mas para nós, que estamos sendo salvos, é o poder de Deus" (1 Coríntios 1:18). Isso é importantíssimo, pois só por meio desse "poder de Deus" é que a *metanoia* acontece!

Disse Jesus que o vinho novo deve ser colocado em um odre novo (Mateus 9:17). Os odres eram recipientes de couro para acomodar conteúdos líquidos. Como o couro pode se ressecar com o tempo e o vinho novo fermenta, o que libera alguns gases, o vinho novo poderia romper os odres e derramaria o vinho.

Há poucos lugares onde servem o *bom* e novo vinho. Mas há um problema, mesmo assim. É que, ainda que nesses poucos lugares sirvam o *bom vinho*, uma pessoa que conserve a lógica do Antigo Testamento, aquela mentalidade antiga, não conseguirá aproveitar o melhor dessa bebida. O *bom* e *novo vinho* não pode ser recebido no *odre* velho.

O vinho *bom* e *novo* deve ser colocado em um odre novo. Disse Jesus e também diz o profeta, metaforicamente falando: o que é o novo odre? É a nova mentalidade, a nova maneira de ver a Deus, de ver a vida, de se relacionar com Deus, de se relacionar com a vida. Um odre novo é metáfora para uma nova perspectiva de vida, um novo entendimento de como o todo se relaciona com as partes, mas também de como a parte se relaciona com o todo. Nós somos a parte, Deus é o todo!

A ideia que muitas pessoas fazem de Deus ainda está no modelo dos odres velhos, ultrapassados. Deus não é um velhinho de barba branca, que mora num castelo inóspito, isolado e na maior solidão que fica acima da estratosfera, cuja principal atividade é vigiar os seres humanos e puni-los quando eles não fazem aquilo que Deus quer.

Deus é Espírito. Ele não se enquadra na nossa lógica classificatória que mais tem gerado divisões e rixas entre as pessoas, que leva a essas discussões sobre gênero e direitos iguais. Para começo de conversa, Deus não tem gênero, não é homem nem mulher: ele é Deus, não é um ser humano que possa ser julgado e classificado por nenhum de nós. Ele é espírito ou, como dizem as Escrituras, Ele é o que é.

Deus está em tudo e tudo está n'Ele. E n'Ele nos movemos, como Paulo diz em Atos; mas não confunda essa afirmação com a ideia oriental hinduísta. Que diz que tudo é Deus. Não estou falando isso. Deus está em tudo, porque ele é o Criador e deixou a sua marca nas coisas que criou. Ele é onipresente.

Sim, a onipresença de Deus nos diz que ele está por toda parte, até nos lugares menos prováveis, menos indicados. Ele está nos lugares improváveis, embora não aprove nem se agrade das coisas que as pessoas fazem ali. Ele não tem problema com as obras infrutíferas que as pessoas cometem nesses lugares, porque somente Ele tem a solução para essas pessoas. Deus não se preocupa com o que você faz, Ele cuida do que você acredita, do que você valoriza, pois, quando você valoriza a coisa certa e boa, seu comportamento se molda à sua escala de valores.

Além disso, Ele é a origem de tudo. Vimos como ele já existia antes de tudo e tudo existia n'Ele antes de existir fora d'Ele. Deus imaginou, em sua poderosa mente, planejou e executou a sua obra da criação. Deus é a soma de todas as suas manifestações e aparições, e nenhuma delas pode explicá-Lo em sua totalidade.

Esse Deus infinito Se manifestou publicamente através da história, por meio da existência humana, que não deixa de ser uma manifestação e expressão d'Ele mesmo. Sim, por isso se diz que somos imagem, conforme a semelhança de Deus. Então disse Deus:

> *Façamos o homem à nossa imagem,*
> *conforme a nossa semelhança.*
> (GÊNESIS 1:26, NVI).

Por isso se diz que aquilo que o homem escreve também é validado, pois, se homens como Isaac Newton, que já mencionei nesta carta, e tantos outros extraíram verdades da natureza, também é possível extrairmos verdade de Deus, de Sua mente e consciência infinita.

Isaac Newton foi um dos grandes cientistas; diz-se dele que, observando a natureza, disse que "O belíssimo sistema do sol, planetas e cometas, só poderia provir da vontade e do controle de um ser inteligente e poderoso". Ele também disse: "Tenho uma crença fundamental na Bíblia como a Palavra de Deus, escrita por homens que foram inspirados. Estudo a Bíblia diariamente". Segura firme, porque agora vai ficar ainda mais difícil, requer muita elasticidade mental para entender e crer nessas palavras. Quando olho para o Sistema Solar, vejo a Terra na distância correta do Sol para receber as quantidades de luz e calor apropriadas. Isso não aconteceu por acaso." Até mesmo o Johannes Kepler... lembra-se dele? Você estudou sobre ele na escola também. Aquele astrônomo disse que o cientista que estuda a natureza "está pensando os pensamentos de Deus depois d'Ele".

O Evangelho é a verdade extraída por completo, o mistério que estava na mente de Deus, escondido havia séculos. Por exemplo, você sabia essas coisas sobre os símbolos envolvendo sangue, sacrifícios e substituição do cordeiro, que era uma previsão da vinda de Jesus? Muita gente não tem ideia dessas coisas e passa a vida toda por aqui, na Terra, sem saber.

Essa verdade extraída por completo não pode ser recebida assim, como estamos. A mensagem do *Euangelion,* da boa-nova de que Deus, sendo justo, não está querendo nos condenar, mas fez de tudo para nos perdoar e absolver, e que ele nos ama incondicionalmente, essa mensagem não pode ser recebida com a mentalidade (odres) do Antigo Testamento. Por isso, a primeira mensagem dada por Jesus aos judeus foi: METANOIE-SE, mude a sua mente, mude a sua lógica!

Bem, meu leitor, vamos avançar mais, vamos afinar o nosso entendimento sobre o ponto em que quero chegar com você. Você entenderá o problema de ler o Novo Testamento com a mentalidade do Antigo a partir de três exemplos que darei. Eles ajudarão a perceber o que é preciso fazer para manter a mentalidade do Antigo Testamento. Então, esses exemplos são sobre *o que não fazer* se você quiser experimentar a *metanoia*.

No Brasil, somos um povo muito religioso. A tradição religiosa predominante é a cristã (católica e, mais recentemente, evangélica). Mas muitos desses cristãos conduzem suas vidas pela fé cristã, lendo o

Livro Sagrado com a mentalidade do Antigo Testamento, seguindo a lógica antiga e ultrapassada. Como esperar resultados novos, diferentes e melhores agindo como se estivessem vivendo nos tempos antigos?

Veja o que Paulo diz aos gálatas: vocês começaram tão bem no espírito e agora estão voltando para a carne? Na ótica de Paulo, voltar para a carne não é fazer coisas erradas, mas querer se justificar diante de Deus pelas obras, ou seja, voltar para a Lei de Moisés.

Veja bem uma coisa: o conhecimento da humanidade vai sempre evoluindo em todos os ramos da atividade humana. Temos hoje uma tecnologia totalmente avançada, e quando vamos para o próximo nível não podemos retroceder para o anterior. Imagine o carro, lembre como ele era no início. Antes de sua invenção, havia carruagens movidas a cavalos; depois surgiram os automóveis, que tinham um motor e uma carroceria muito simples, a direção era muito dura de girar; depois vieram os carros com direção hidráulica; e agora estão chegando os carros que dirigem sozinhos, só falamos e o carro nos obedece. Agora imagine, após uma tão grande evolução, esse carro se deparar com alguém com seus noventa ou cem anos que dirigiu os primeiros carros e, ao entrar nesse modelo mais moderno, dizer: "Não quero esse carro não, é muito fácil dirigir, a pessoa não faz nada, só precisa falar. Melhor o outro, gosto de fazer força". Ok, pode acontecer, mas o melhor seria se a pessoa se adaptasse, pois o mundo evolui, melhorando suas tecnologias. Gostaria de lembrar-lhe mais uma vez que o Evangelho é a maior tecnologia já criada, e nunca será ultrapassada; e paralelamente ao carro moderno, basta só falar, ou, em outra linguagem, basta orar, basta falar com Deus, e seremos guiados ao nosso lar.

E por que os cristãos interpretam o texto sagrado com certo grau de equívoco? Porque a lógica deles ficou presa no Antigo Testamento. No passado.

O primeiro exemplo de texto que alguns cristãos interpretam equivocadamente é o da carta de Paulo aos Efésios: "Não vos embriagueis com vinho no qual há dissolução" (5:18-20). Apesar de não ter uma consequência direta tão ruim, é preferível, já que existe, encontrarmos a interpretação alinhada à nova lógica de Jesus, do *bom vinho*, concorda?

Essa advertência feita por Paulo foi transformada em lei; quase se tornou o décimo primeiro mandamento. O "não vos embriagueis com vinho" se tornou, na boca dos cristãos brasileiros, "não beberás vinho em hipótese alguma!". Foi isso o que Paulo quis dizer? Não.

Jesus foi o homem mais pleno do Espírito Santo que já pisou nesta Terra, e bebia vinho. Primeiramente, se ele reprovasse a sua ingestão, jamais teria feito o primeiro milagre, transformando água em vinho. Simples assim!

De sua própria boca foi ouvido que os religiosos do seu tempo o chamaram de glutão e bebedor de vinho. Ele reclamou com aqueles que o acusaram assim de não se contentarem com nada: "Pois veio João, que jejua e não bebe vinho, e dizem: 'Ele tem demônio'. Veio o Filho do homem comendo e bebendo, e dizem: 'Aí está um comilão e beberrão, amigo de publicanos e 'pecadores'. Mas a sabedoria é comprovada pelas obras que a acompanham" (Mateus 11:18,19, NVI).

Além disso, Jesus foi o melhor produtor de vinho que já existiu, pois quem transforma água em vinho em um instante, usando o próprio poder e oferecendo o melhor vinho da época por meio de um milagre, só pode ser considerado o melhor produtor de vinhos que já existiu! Não é?!

Quando Paulo disse "Não vos embriagueis com vinho", ele não quis dizer "não beberás vinho jamais". Ele disse "não vos embriagueis". A mentalidade do passado, que segue o raciocínio do Antigo Testamento, porém, transforma tudo em lei.

Essa era a lógica dos fariseus, um grupo radical dos tempos de Jesus que acreditava que a salvação e a vida melhor e mais agradável a Deus era alcançada seguindo os rigores da lei. Assim, tudo quanto podiam eles transformavam em leis, normas, diretrizes difíceis de serem seguidas, que eles mesmos não conseguiam cumprir. Jesus também os criticou por isso:

> *Eles [os mestres da Lei e os fariseus] atam fardos pesados e os colocam sobre os ombros dos homens, mas eles mesmos não estão dispostos a levantar um só dedo para movê-los.*
>
> (MATEUS 23:4).

Os homens religiosos sinceros vivem até hoje tentando fazer algo "rigoroso" para agradar a Deus. Esse é um esforço honesto e válido, desde que, no final do processo da busca espiritual, aconteça o que aconteceu com Cornélio, que alcançou o favor de Deus (Atos 10). Por fim, devo dizer a você, leitor, que Paulo aconselhou contra a embriaguez, não contra a ingestão de vinho. E na verdade nesse versículo Paulo nem queria aconselhar sobre beber ou não beber vinho, tinha algo muito mais importante, que é: enchei-vos do Espírito, pois isso basta: o Espírito nos ensina e nos guia.

O segundo texto mal interpretado e que dá margem a um raciocínio ultrapassado, em desacordo com o *Euangelion*, é:

> *A beleza de vocês não deve estar nos enfeites exteriores, como cabelos trançados e joias de ouro ou roupas finas.*
>
> (1 PEDRO 3:3).

Pedro escreveu isso para as mulheres. Mas note que ele não disse "Não usem joias, não cuidem de vocês e fiquem feias". O mandamento não diz "Não se embelezarão". Em momento algum aquele apóstolo pretendeu que suas palavras fossem entendidas dessa maneira. Mas assim como Midas, cujo toque transformava tudo em ouro, o cristão-judeu – assim chamo aquele que creu em Jesus mas vive com a lógica de Moises – transforma tudo em lei, em mandamento ou em norma.

De modo algum foi isso que Pedro disse; ele falou que a beleza maior que uma mulher deve deixar transparecer é a beleza interior, a do coração que passou por uma *metanoia*. Ele continuou dizendo, para que não restasse dúvida: "Pelo contrário, esteja no 'ser' interior, que não perece, beleza demonstrada num espírito dócil e tranquilo, o que é de grande valor para Deus" (1 Pedro 3:4). Faz sentido para você? Muito mais, não é?

Para não restar dúvida de que Pedro quis dizer isso, o texto de sua carta (pois esse texto está em uma carta dele) continua e cita o exemplo de Sara, mulher que se enfeitava por fora, mas era muito bela por dentro: "Pois era assim que também costumavam adornar-se as santas mulheres do passado, que colocavam a sua esperança em Deus".

Por último, o terceiro texto diz respeito a algo igualmente importante. Preste bem atenção às palavras de João:

> *Se, porém, andamos na luz, como ele está na luz, temos comunhão uns com os outros, e o sangue de Jesus, seu Filho, nos purifica de todo pecado. Se afirmarmos que estamos sem pecado, enganamo-nos a nós mesmos, e a verdade não está em nós. Se confessarmos os nossos pecados, ele é fiel e justo para perdoar os nossos pecados e nos purificar de toda injustiça.*
>
> (1 JOÃO 1:7-9).

Não há quem não peque, mas temos como receber o perdão de Deus ao confessarmos nossos pecados a Deus, que é quem pode perdoar o pior pecado que um ser humano seja capaz de cometer.

Então, a conclusão a que chegamos, lendo esses textos do Novo Testamento com a lógica do Antigo Testamento é: se eu confesso os pecados, Deus me perdoa. Essa lógica já conhecemos. Você deve se lembrar, a lógica do Antigo Testamento dizia: "Eu faço, então Deus reage à minha ação". Porém, como expliquei, a lógica do Novo Testamento é "Deus já fez, então eu recebo com alegria e gratidão e vivo em paz". Uma nova lógica para um novo pacto, uma nova aliança – afinal, é isso o que significa Novo Testamento.

Não tenho motivo para duvidar da sua sinceridade como cristão e como cidadão. Por isso, imagino que, quando você comete algum erro ou realiza uma má obra, e se coloca em uma posição de fragilidade, entra em um processo de autocondenação e culpa, até fazer a oração da confissão ou pagar uma penitência, realizar alguma boa obra na tentativa de conquistar o perdão de Deus.

Você pode se sentir tão culpado que se, nesse momento, acontece alguma coisa ruim em sua vida, mesmo que a natureza dessa coisa ruim seja outra, você acredita que é Deus que o está castigando. Quando pensa assim, você ainda está usando a lógica do Antigo Testamento, aquela que crê que com o bom comportamento é possível conquistar a bênção de Deus e com o mau comportamento Deus o castigará. Lembra do silogismo dos "amigos" de Jó?

A lógica revelada no Livro Sagrado não ensina mais assim! O relacionamento do homem com Deus mudou, porque as bases mudaram. Deus já nos perdoou em Cristo Jesus, como procurei demonstrar, absolvendo-nos pela fé que temos no feito de Jesus na cruz. Isso vale para qualquer erro que você ou eu cometemos ou viermos a cometer.

Em Efésios 4:32, na parte final, assim está escrito: "Assim como Deus perdoou vocês em Cristo".

Deus já perdoou você que creu, e entenda a lógica: você confessa o erro porque *já foi* perdoado, e não *para ser* perdoado.

Você não é judeu, você é igreja.

Vamos refletir um pouco mais sobre o texto de 1 João 1:7-8, o último dos três textos que citei. Uma situação que você precisa compreender sobre o Livro Sagrado é que nem tudo o que está escrito nele é para você levar para o lado pessoal. Nem tudo o que Jesus disse se aplica a você.

O Livro fala com três grupos diferentes: Israel, a Igreja e o mundo, que são as pessoas sem fé em Jesus.

Um exemplo de texto que não é para ser levado "ao pé da letra", como costumamos dizer, é a oração ensinada por Jesus mais conhecida como o *Pai Nosso*. Aquela oração não foi ensinada para ser como um mantra a ser repetido, como um *abracadabra* que a gente pronuncia e as coisas acontecem milagrosamente. Se fosse assim, quando Jesus orou por seus discípulos (João 17), ele mesmo teria declamado a oração que ensinou, dando o exemplo para a humanidade fazer. Você concorda?

Mas se, por causa da tradição e por ter aprendido assim desde a infância, você quiser continuar a orar o *Pai Nosso* repetindo as mesmas palavras como Jesus transmitiu, deve alterar ao menos a parte que diz: "Perdoa as nossas dívidas, assim como nós perdoamos os nossos devedores". Você deve considerar que Jesus ensinou essa oração aos seus discípulos antes de sua morte e ressurreição.

O tempo no Livro Sagrado é dividido em períodos chamados dispensações. Elas são marcadas por alianças, que são como pactos que Deus faz com a humanidade, em que o relacionamento entre Deus e os homens acontece na base de algo estabelecido. No

Éden, esse pacto era baseado na obediência de não comer o fruto proibido, por exemplo.

A dispensação e aliança na qual Jesus nasceu e viveu era a Lei de Moisés. Ela também é chamada de a Antiga Aliança. A dispensação seguinte, a da graça, ainda não havia sido inaugurada. E, como você já sabe, na lei, eu faço e Deus reage. Ou seja, a pessoa precisava perdoar as ofensas dos outros contra ela para que Deus perdoasse as suas ofensas contra Deus.

No Novo Testamento, entretanto, essa lógica se inverte. Por isso eu repito: *metanoie-se*!

Deus já nos perdoou antecipadamente, por isso, nós perdoamos.

> *Sejam bondosos e compassivos uns para com os outros, perdoando-se mutuamente, assim como Deus perdoou vocês em Cristo.*
> (EFÉSIOS 4:32).

Na aliança da graça, que é a que está vigorando desde a ressurreição de Jesus, sou tão livre por causa do perdão que recebi de Deus que posso liberar perdão para qualquer pessoa tranquila e espontaneamente.

Como já temos o perdão de Deus, o peso de culpa que estava sobre nossos ombros já não nos oprime, a sensação de condenação que sentíamos pelo pecado já não nos entristece, porque recebemos o perdão. Desse modo, quando alguém age negativamente contra nós, quando pecam e nos ofendem, queremos que a pessoa também fique livre de qualquer acusação que a sua mente possa sofrer. Assim, porque já recebemos de Deus o perdão, ficamos mais livres e fortes para oferecer generosamente perdão a quem quer que nos ofenda com seus atos, gestos ou palavras.

A bênção mais linda para mim é a da absolvição. Considere a mulher adúltera do Evangelho segundo João 8. Ela havia acabado de ser flagrada em adultério. Pela Lei de Moisés, o antigo raciocínio, ela deveria morrer (Levítico 20:10). Mas aquela mulher teve um encontro com Jesus, foi livre da morte e recebeu o presente maior da absolvição sem ter realizado nenhuma boa obra em seu favor. É verdade! Ela não fez nada e não merecia qualquer livramento, mas teve um encontro com Jesus, e, quando você o encontra, também recebe dele o presente da absolvição. Jesus disse para ela: "Agora vai e não peques mais".

Não há a menor exigência feita por Jesus para que ele ofereça a graça para nós. Aliás, a sua morte aconteceu como expressão da graça, antes mesmo de as pessoas entenderem do que ela se tratava. "Porque Deus tanto amou o mundo que deu o seu Filho Unigênito, para que todo que n'Ele crer não pereça, mas tenha a vida eterna" (João 3:16). Ele morreu voluntariamente para depois ver o resultado do seu esforço, como escreveu outro profeta:

> *Depois do sofrimento de sua alma, ele verá a luz e ficará satisfeito; pelo seu conhecimento meu servo justo justificará a muitos, e levará a iniquidade deles.*
>
> (ISAÍAS 53:11).

Como resultado dessa graça, Ele espera somente que sejamos apaixonados por Ele, e o resto vamos aprendendo. E como ele nos dá o presente do perdão, da liberdade, da ausência de medo, da não condenação ou absolvição, ficamos livres e leves para levar uma vida nova e diferenciada.

Isso é muito diferente da lógica da Lei de Moisés do Antigo Testamento, da justiça dos homens que diz: "Comporte-se bem, obedeça à lei e às regras e, assim, você será declarado inocente".

O mistério do Evangelho tem uma lógica inversa: venha até Jesus e, ao se encontrar com Ele, você será livre da condenação. Livre! Sabe o que é isso? Não é pouca coisa. Não há mais condenação para aqueles que estão em Cristo (Romanos 8:1, NVI). Lembre-se do papa: você é assim como ele, inimputável.

Voltando ao texto de 1 João 1:7-9, certamente, na época de João, no meio da igreja, daqueles que se diziam cristãos, existiam pessoas com entendimento equivocado a respeito dessas coisas. Suas ideias eram erradas sobre o amor de Deus, a Sua graça e a fé, como até hoje existem pessoas assim. E não pense que, por estarem próximas a Jesus, elas sabiam tudo muito melhor do que nós, porque não era bem assim. Jesus censurou os seus discípulos e os de fora por não entenderem o que ele fazia.

> *E quando Eu [Jesus] parti os sete pães para os quatro mil, quantos cestos cheios de pedaços vocês recolheram? "Sete", responderam eles. Ele [Jesus] lhes disse: "Vocês ainda não entendem?".*
>
> (MARCOS 8:20,21).

"Disse Jesus [a Nicodemus]: 'Você é mestre em Israel e não entende essas coisas?'" (João 3:10).

Então, quando João diz que, "se dissermos que não temos pecado, nos fazemos de mentirosos", ele não está falando conosco, os filhos de Deus. João não se referia a nós, que já nos arrependemos e aceitamos o testemunho de Jesus. Evidência disso está no início do capítulo 2 dessa mesma carta, no qual lemos: "Filhinhos...". Por essa expressão, percebemos que nesse ponto João começa a falar àqueles que aceitaram o testemunho de Jesus, comigo e com você, que se tornou filho de Deus, que foi justificado pelo que Jesus realizou em nosso favor.

No capítulo 1 daquela mesma carta, João, o seu autor, dirige-se àqueles que querem negar a existência do pecado. Não negamos a existência do pecado hoje, pois o pecado existe e reinou de Adão até a ressurreição de Cristo, e ainda hoje existe e reina na vida daqueles que não receberam o testemunho de Jesus.

Para os filhos de Deus, vale o versículo do Evangelho de João 16:7-9, que diz: "Mas eu lhes afirmo que é para o bem de vocês que eu vou. Se eu não for, o Conselheiro não virá para vocês; mas se eu for, eu o enviarei. E quando ele vier convencerá o mundo do pecado, da justiça e do juízo. Do pecado porque não creram em mim". Ou seja, o único pecado que podemos cometer hoje contra Deus é negar a obra de Jesus.

Assim, da próxima vez que você cometer um erro, um equívoco, vá a Deus com a certeza no coração de que Ele não irá rejeitá-lo jamais. Pelo contrário, o seu erro, por menor ou por maior que seja, também já foi perdoado. Deus já cuidou disso por você, já resolveu o problema e espera que você coloque a sua fé em prática. E isso você faz indo até Deus para pedir que o perdoe. É assim que a fé começa a ser despertada e praticada. Eu sofria tanto, pois sempre quis ser uma pessoa muito correta, queria nunca cometer nenhum deslize; mas como é impossível viver neste mundo sem deslizar, estava sempre com a autoconfiança abalada, pois pensava que Deus não estava satisfeito com minha performance de cristão, ou, quando me comportava bem, achava que não era o suficiente, tinha que fazer algo a mais para tentar agradar a Deus. Como você pode ver, uma vida assim só produz cansaço e esgotamento do espírito no decorrer da caminhada. Mas a vida com Jesus, como Ele mesmo disse, é para ser leve (Mateus 11:28). Mas agora, sim, tenho uma vida leve, depois que comecei a beber desse *novo* vinho.

Lembre-se de que o Espírito Santo nunca nos acusa por nosso pecado. A acusação que você ou qualquer outra pessoa pode sentir é a própria consciência restaurada com os valores morais bem-estabelecidos.

O que o Espírito Santo faz é testificar em seu coração que, ainda que você tenha cometido algum pecado, é e continuará sendo filho de Deus, apesar do seu comportamento inadequado. Pessoas da fé cometem erros, mas não são dadas ao erro por prazer, por inclinação. Então, agradeça a Deus por esse perdão e receba a sua paz, que os judeus chamam de *shalom*, e viva para sempre livre de culpa e da condenação!

Para mostrar que existe coerência nas minhas palavras, no meu raciocínio, veja o texto do Evangelho de Lucas 15:7, que citou as próprias palavras de Jesus: "Eu lhes digo que, da mesma forma, haverá mais alegria no céu por um pecador que se arrepende do que por noventa e nove justos que não precisam arrepender-se".

Esse texto é poderoso, amo essa passagem, olha só, uma vez que você ouviu a mensagem do Evangelho, o *bom* e o *novo* vinho, ao acreditar na mensagem, aconteceu uma *metanoia* em você. Você entendeu que Deus está ao seu lado ao exercitar a sua fé. Ele joga no mesmo time que o seu, e você recebeu a mensagem da graça pela fé, que é o que Ele espera de nós.

Fazendo a oração da salvação, você se transformou em justo, em um filho de Deus, e não é mais um pecador, não havendo nenhum pecado ou erro que o separe de Deus, que o faça voltar atrás e se tornar de novo um pecador, como era no passado. Deus o verá para sempre como justo, como seu filho.

Deus não irá mais castigá-lo nem puni-lo. Na verdade, Ele é o Juiz de toda a Terra, aquele que julga com justiça, e ele não é injusto a ponto de punir o mesmo pecado duas vezes. Deus já castigou você, já puniu o seu pecado quando sacrificou seu próprio filho Jesus Cristo, e os soldados romanos foram os instrumentos de Deus para essa execução.

Aqui está todo o amor de Deus e toda a justiça do Evangelho. Essa boa notícia é o *bom vinho*, o *novo vinho*! Coloque-o em um novo odre, com uma nova mentalidade e em uma nova lógica. Não há nenhuma obra da Lei ou boa ação que possamos fazer para merecer a salvação e as bênçãos de Deus, pois Ele já nos deu tudo de graça e nós o recebemos pela fé, sendo gratos e tendo o coração cheio de prazer em Cristo e cheios de gratidão. Isso é tudo.

Mas por que Deus escolheu abençoar, justificar e salvar o homem de graça, por meio da fé? Para que tudo se baseasse e estivesse seguro no seu próprio poder, na sua justiça e no seu amor imutável, e não se baseasse no esforço limitado e ineficaz do homem.

Aqui está a *metanoia*! No Antigo Testamento, o homem era salvo e abençoado por meio de suas obras, da obediência à lei mosaica, que não dava graça aos homens. Para você entender a diferença de lógica entre o Antigo e o Novo Testamentos, vamos fazer um paralelo entre os dois para que fique ainda mais claro.

PARALELO ENTRE OS Hebreus E A Igreja

Quando observamos a história do povo hebreu ao entrar na Terra Prometida, percebemos ser possível imaginar algo similar ou equivalente para a Igreja. Entrar na Terra Prometida, para os hebreus, corresponde a receber a salvação e as bênçãos que temos em Cristo. Tome, por exemplo, a vida de Josué, pois ele é um tipo de Cristo. Os "tipos" são alguns eventos, objetos e situações acontecidos no Antigo Testamento que prefiguram algo que Jesus fez em seu tempo. Você já viu como o cordeiro que morreu em lugar de Isaque prefigurou Jesus nos substituindo na morte no Calvário.

Tipos têm essa função de antecipar algo futuro que aconteceria envolvendo a pessoa de Jesus Cristo. Nesse sentido, Josué, sucessor de Moisés, tipifica Cristo porque o primeiro foi a pessoa que conduziu o povo de Deus para a terra do descanso, da bênção, enquanto o segundo também nos tira do mundo do pecado e nos aproxima de Deus, que nos proporciona descanso, perdão e bênçãos melhores.

Mas vejamos os paralelos para compararmos e entendermos as diferenças de lógica e comportamento.

Hebreus	Igreja
Obras, ações	Fé, falar (anunciar)
Físico (corpo)	Espírito (entendimento)
Fazer primeiro e receber depois	Receber primeiro e frutificar depois
Esforço humano	Espontaneidade da vida do Espírito em nós

Moisés foi quem recebeu a Aliança, a Lei dada por Deus, que apresentava o pacto dele com o seu povo. Mas foi Josué quem fez o povo entrar na Terra Prometida. Jesus trouxe ao mundo a Nova Aliança, mas foram os discípulos que, por meio da pregação do Evangelho, fizeram o mundo conhecer a mensagem, aderir ao discipulado na Igreja e herdar a salvação e as bênçãos devidas. Por isso, podemos falar em "comparação" com os hebreus, pois de fato houve semelhanças entre a relação de Deus com esses dois povos, embora a nossa situação (da Igreja) tenha elementos superiores envolvidos. Fazendo essa comparação, poderemos aprender alguns princípios.

1. No Antigo Testamento, Deus disse a Josué quando ele foi entrar na Terra Prometida: "Todo lugar onde puserem os pés eu darei a vocês" (Josué 1:3). Isso é AÇÃO e foi para os hebreus.

   No Novo Testamento, Jesus nos diz: "O que vocês pedirem em meu nome, eu farei" (João 14:14). Isto é, por FALAR temos direito e acesso a todas as bênçãos de Deus. Basta pedir, falar em nome de Jesus, e as teremos.

2. O Antigo Testamento diz: "Não deixe de falar as palavras deste Livro da Lei e de meditar nelas de dia e de noite" (Josué 1:8). Ele deveria LER para aprender o que fazer e depois AGIR (condição para os hebreus).

   O Novo Testamento nos diz: "Mas quando o Espírito da verdade vier, ele os guiará a toda a verdade. Não falará de si mesmo; falará apenas o que ouvir, e lhes anunciará o que está por vir" (João 16:13). O Espírito Santo é quem nos ENSINA à medida que vamos ouvindo o Evangelho, portanto, ide, viva, fale!
   Pois o novo Testamento nos diz mais:

> *Não se preocupem quanto ao que dizer, ou como dizer. Naquela hora lhes será dado o que dizer.*
>
> (MATEUS 10:19).

Disse Jesus aos judeus que haviam crido nele: "Se vocês permanecerem firmes na minha palavra, verdadeiramente serão meus discípulos. E conhecerão a verdade, e a verdade os libertará" (João 8:31,32), ou seja, ouvir a mensagem do Evangelho é alimento para a nossa alma, e isso é para a Igreja.

3. O Antigo Testamento diz: "Seja forte e corajoso […] não se apavore" (Josué 1:6; 1:7; 1:9). Outra diretriz para os hebreus.

Já o Novo Testamento diz: "Eu lhes disse essas coisas para que em mim vocês tenham paz. [No Antigo Testamento, era "Não temas!". No Evangelho é "Tenha paz".] Neste mundo vocês terão aflições; contudo, tenham ânimo! Eu venci o mundo" (João 16:33; ênfase acrescentada). Note como a linguagem do Novo Testamento é apresentada no tempo passado. Isso tem um motivo muito claro: na verdade, tudo já foi feito, realizado e consumado na cruz do Calvário! Essa é mais uma bênção e segurança adicional que a Igreja tem.

Os hebreus, quando tinham fé no Cordeiro de Deus, "olhavam" para a frente, para o futuro, aguardando a manifestação futura do Messias. Eles não sabiam ao certo o que viria nem como viria ou, ainda, quem viria. Era como se vissem algo como uma sombra, não muito bem definido. É como diz a carta de um autor anônimo aos hebreus:

> *A Lei traz apenas uma sombra dos benefícios que hão de vir, e não a realidade deles.*
> (HEBREUS 10:1).

Mas nós, Igreja, temos a noção exata do que aconteceu no passado naquela cruz, com aquele sacrifício perfeito vindo da parte de Deus. Quando Jesus, pregado na cruz, disse "Está feito" ou "Está consumado", Ele nos garantiu que as Suas promessas aconteceriam, porque o que parecia impossível foi feito por Ele. Assim, Ele pode dizer que estava consumado, e a Sua palavra e os verbos que usou podem ser colocados no passado, porque não é algo que Ele fará, mas coisas que já fez com certeza e com segurança.

4. Mais uma vez o Antigo Testamento diz: "Durante os quarenta anos que os conduzi pelo deserto", disse ele, "nem as suas roupas, nem as sandálias dos seus pés se gastaram" (Deuteronômio 29:5). Outra mensagem para os hebreus.

Para nós, o Novo Testamento diz: "Foi-lhe dado para vestir-se linho fino, brilhante e puro O linho fino são os atos justos dos santos" (Apocalipse 19:8). As nossas vestes de justiça, representadas pelo linho branco, as nossas roupas de justiça que vestimos são espirituais e nunca envelhecerão, pois não fomos nós que as conseguimos, mas Cristo que nos deu para que nos cobríssemos com elas. E nesse caso se trata de uma justiça eterna que Ele realizou e creditou em nosso favor. Não há erro que façamos que possa manchar ou fazer nossa roupa branca de linho envelhecer, pois não representa a nossa justiça, mas a justiça d'Ele feita por nós.

E não somente as vestes, mas também o calçado. O nosso sapato significa o quê? Os hebreus no deserto usavam sandálias, e o pé era o ponto do corpo no qual as serpentes mordiam as pessoas, especialmente o calcanhar. Os sapatos que cobrem os nossos pés também se tornam o ponto de contato do ser humano com o mundo físico. Quer dizer que nossa capacidade de esmagar a cabeça da serpente não envelhecerá jamais, e a serpente é uma representação figurativa do mal presente neste mundo. Esse calçado, segundo o texto de Paulo na sua Carta aos Efésios 6:15, significa a nossa salvação pela graça que nunca envelhecerá, ou seja, a salvação é para sempre, meu amado destinatário! A paz é para sempre, e isso é herança que a Igreja recebe!

> *E tendo os pés calçados com a prontidão do evangelho da paz.*
> (EFÉSIOS 6:1:5).

5. O Antigo Testamento diz, em Deuteronômio 6:10-11, que o povo hebreu recebeu por herança uma terra, com toda a estrutura pronta e construída pelos povos que estavam lá: casas, vinhas, cidades com muros de proteção etc. Eles praticamente não fizeram nada. Para desfrutar tudo isso, usufruir o trabalho de outro, eles tinham somente que tomar posição em algumas batalhas, pois era Deus que pelejava por eles.

Já o Novo Testamento diz que para a Igreja as conquistas vieram por meio daquilo que Jesus Cristo fez. Todo o trabalho foi d'Ele, Jesus preparou tudo e nos deu acesso. Temos apenas que desfrutar do trabalho do outro.

> *Assim sendo, aproximemo-nos do trono da graça com toda a confiança, a fim de recebermos misericórdia e encontrarmos graça que nos ajude no momento da necessidade.*
>
> (HEBREUS 4:16).

Para ter esse acesso, precisamos apenas crer e receber o que já é nosso, pois está consumado! Deus nos abençoou com toda sorte de benção.

> *Bendito seja o Deus e Pai de nosso Senhor Jesus Cristo, que nos abençoou com todas as bênçãos espirituais nas regiões celestiais em Cristo.*
>
> (EFÉSIOS 1:3).

Como disse, o autor anônimo da Carta aos Hebreus diz que o Antigo Testamento é a sombra dos bens vindouros, futuros, ou seja, é sombra do Novo Testamento, e este é a luz. Esse paralelo é incrível! A tipologia é a mesma, mas a lógica é diferente. As ações são diferentes. O vinho é diferente, e se o vinho é diferente, os odres também devem ser diferentes!

No Antigo Testamento, o povo tinha a Lei; no Novo Testamento, temos o Espírito da verdade que diz o testemunho de Jesus dentro de nós, em nosso coração.

> *O próprio Espírito testemunha ao nosso espírito que somos filhos de Deus.*
>
> (ROMANOS 8:16).

Quando Moisés recebeu as tábuas de pedra no Monte Sinai, tábuas em que os dez mandamentos foram escritos pelo dedo de Deus, houve algo que também tipificou Jesus. Ao descer do Monte Sinai trazendo as primeiras tábuas da Lei, Moisés viu o povo adorando um deus estranho, então ele quebrou as tábuas ao ver o povo adorando uma estátua; Jesus, em sua primeira vinda, também foi "quebrado", pois, diferentemente de Moisés, a lei que Jesus trazia não era algo externo a si. Ele mesmo era o sacerdote, legislador, e o sacrifício, seu próprio corpo. Moisés quebrou as pedras, o objeto da aliança do povo com Deus; Jesus entregou seu corpo, objeto da Nova Aliança, para ser quebrado, e foi morto pelas autoridades religiosas, o que foi tipificado por Moisés.

Moisés subiu novamente o Monte e mais uma vez desceu trazendo a "segunda edição" das tábuas da Lei, que se tornaram a norma para o povo seguir. Aquela lei vigorou por mais de mil anos. Do mesmo modo, Jesus, depois de ser quebrado, subiu ao céu e descerá pela segunda vez para reinar por mil anos.

No futuro breve, Cristo implantará o seu próprio reino, que durará mil anos na Terra.

> *Vi tronos em que se assentaram aqueles a quem havia sido dada autoridade para julgar. Vi as almas dos que foram decapitados por causa do testemunho de Jesus e da palavra de Deus. Eles não tinham adorado a besta nem a sua imagem, e não tinham recebido a sua marca na testa nem nas mãos. Eles ressuscitaram e reinaram com Cristo durante mil anos.*
>
> (APOCALIPSE 20:4).

A Lei de Moisés era santa e boa, mas é aquilo que tenho dito: ela usava uma lógica e um tipo de raciocínio que não facilitava a vida, mas dava ocasião à morte e ao aprisionamento, uma vez que as pessoas ficavam presas a rituais para manterem a relação com Deus. Eram muitas as obrigações que os hebreus deveriam cumprir. Por isso, nenhum homem, exceto Jesus, conseguiu se justificar diante de Deus por meio da obediência à Lei. Essa também é a razão por que a lei mosaica caducou, tornou-se obsoleta.

> *O ministério que trouxe a morte foi gravado com letras em pedras; mas esse ministério veio com tal glória que os israelitas não podiam fixar os olhos na face de Moisés por causa do resplendor do seu rosto, ainda que desvanecente.*
>
> (2 CORÍNTIOS 3:7).

No Evangelho de João, capítulo 8, que já mencionei, o autor nos conta a história da mulher adúltera que, por causa desse seu pecado, não conseguiu guardar a Lei. Bem, segundo aqueles mandamentos, ela deveria ser morta pelo povo, por apedrejamento.

Era assim que se executaria o juízo contra ela: arremessando pedras para matá-la.

Sei que isso é algo cruel, impensável em nossos dias, tempo no qual damos prioridade aos direitos humanos, ainda que em alguns países práticas assim ainda aconteçam, por causa de um pensamento religioso igualmente retrógrado e ultrapassado.

Quando a mulher foi apresentada a Jesus pelos homens que a surpreenderam no adultério, questionaram o mestre sobre o que deveriam fazer. Eles conheciam a Lei e sabiam o que era para ser feito, o apedrejamento. Mas Jesus disse que *quem não tivesse pecado* poderia atirar a primeira pedra. Sabe o que aconteceu? Um a um, começando pelos mais velhos, saíram de fininho, como quem não queria nada, e foram embora sem apedrejar a mulher.

QUEM NÃO TIVER PECADO, ATIRE A PRIMEIRA PEDRA. MAS QUEM NÃO TINHA PECADO?

Com esse acontecimento envolvendo a mulher, Jesus mostrou que o homem, de modo geral, precisava de um novo método, de um sistema mais aperfeiçoado pelo qual poderia se relacionar com Deus.

Já não dava mais para ser pelo esforço próprio nem depender do merecimento de cada um.

Era preciso algo superior, uma tecnologia mais avançada, e Deus sabia que somente por meio do Seu amor e graça o homem poderia ser resgatado do estado em que estava e de onde não conseguia sair nem se livrar. E esses bens todos nos chegam por meio da fé.

Hoje, para nós que somos da fé, o relacionamento direto com Deus não se dá na base do quanto você ama a Deus, mas do quanto você conhece e confia que o amor de Deus por você é imutável.

Lembra-se de que eu disse algo sobre dispensações? A humanidade passou por quatro dispensações principais:

1. Do Éden. Naquele tempo, tudo era evidente e patente aos olhos do homem. Havia comunhão total e completa entre Deus, Adão e Eva.
2. Pré-diluviana. Durante essa dispensação, a ignorância era total sobre Deus, e o conhecimento acerca d'Ele era escasso.
3. A Lei de Moisés. Na dispensação da Lei, Deus se revelou como o único e verdadeiro Deus que deveria ser adorado e obedecido.

4. A Graça. Na atual dispensação, o segredo de Deus e tudo o que o homem pode e tem condições de conhecer sobre ele foi manifestado por intermédio de Jesus.

A revelação de Deus para nós acontece de maneira progressiva. Após o período no Éden, a humanidade entrou em total escuridão espiritual. Ela não tinha conhecimento de Deus, e Ele trabalhou para se revelar ao homem no decorrer da história. Para isso, Ele trouxe revelação e conhecimento que foram dados por meio de vários homens e mulheres, sendo Jesus o maior de todos. Assim, é inaceitável que, depois de recebermos a revelação da graça, a mais completa revelação de Deus para o homem, voltemos para as práticas defasadas do período da Lei. Veja uma coisa: vou tomar como exemplo minha profissão anterior, que conheço bem, o futebol. Entre amador e profissional, joguei quase trinta anos. Conhecer as regras e leis do jogo é uma coisa basilar para todo jogador. Senão ele pode ser expulso do jogo e ser impedido de jogar; por outro lado, o juiz pode conhecer todas as regras e aplicá-las muito bem, mas ainda assim não ser capaz de dar um chute na bola. Para jogar futebol e ter sucesso, é necessário conhecer as regras, claro, mas a gente nem pensa muito nelas quando está jogando, pois, após ter jogado tanto, já estão entranhadas em nós. O que faz a diferença para que a gente tenha sucesso é conhecer os princípios do jogo, as técnicas, as estratégias, a malandragem (a legalizada); são essas coisas que fazem a diferença.

Por isso, meu amado, filho do Pai celestial, não foque somente em aprender as regras, as de Moisés – como já disse e repito, Deus usou como um tutor para conduzir a humanidade até Cristo, conforme Paulo na Carta aos Gálatas. Por isso escrevi esta carta para falar e explicar melhor os princípios do reino dos céus, do amor, da graça e da justiça de Deus em Cristo.

Por exemplo: você não tem que amar a Deus como dizia a Lei. Penso que nem mesmo temos condições de amá-lo daquele modo. Você não tem que *nada*, se é que posso dizer assim! Porque, se amar a Deus for uma obrigação, você não O amará de coração e naturalmente. Você amará o dever, o mandamento, a regra.

Hoje não existe mais essa regra nem o dever disso ou daquilo. Agora a verdade da graça iluminou nosso entendimento. Houve libertação em nosso favor, e a prova é que amamos a Deus não porque uma regra nos diz para fazer isso, mas porque entendemos tudo o que Ele fez por nós, entendemos que a morte de Jesus aconteceu para o nosso benefício. Como não amar espontaneamente esse Jesus? Eu sou apaixonado por Ele.

Por isso, digo que deixem os judeus serem judeus e sejamos cristãos, discípulos de Cristo. Não precisamos daqueles mandamentos, nem dos elementos da religião deles, porque não nos dizem respeito. Não foram criados para nós. Herdamos coisas melhores e superiores. A Carta aos Hebreus foi toda escrita para demonstrar a superioridade daquilo que Cristo fez em relação ao que tinha de melhor na cultura religiosa hebraica. Você já leu aquela carta? Sugiro que o faça.

Embora eu diga isso da Lei antiga, amo os judeus, pois são vidas que Deus também ama. Eles são a prova viva da fidelidade e da proteção de Deus. Já viu quanta perseguição eles sofreram ao longo de sua história? Quer no passado, quer no presente, eles têm sido perseguidos em muitos lugares.

Ainda quero aprender a falar hebraico e acho a cultura dos hebreus "o máximo". Mas não quero me tornar judeu por adesão à sua religião, como muitos dos cristãos de hoje parecem querer. Quero ser Igreja de Deus, pois para isso fomos chamados.

UMA PROMESSA MELHOR: o Bom Vinho!

O amor e a adoração a Deus emanam de um espírito renascido, de um coração liberto e cheio de gratidão, do entendimento que foi iluminado pela verdade do Evangelho. Para se amar a Deus é preciso amar a si mesmo, sua própria vida (não estou falando de amar o mundo), e gostar de quem você é. Ame a si mesmo, aceite a si mesmo da forma como você veio ao mundo, pois aquilo que é preciso para que seja uma pessoa plena foi dado por Deus. Nada falta para que você seja uma pessoa completa.

Tudo o que você não tem, todas as experiências pelas quais passou, desde aquelas de que Deus não o livrou, serviram para formar a pessoa que você se tornou. Afinal, somos frutos das experiências pessoais que vivemos.

Assim, seja grato a Deus por quem você é, e o amor que sente por ele irá fluir de você! Mas não se identifique com o corpo. Prefira concentrar-se em quem você é no espírito, isto é, espiritualmente falando. Você é filho de Deus, o representante legal de Deus na Terra. Entenda este fato: Deus é dono do mundo, mas Ele não pode mudar as coisas do mundo e da sua vida com o estalar dos dedos; é você que precisa fazer algo, é você que é o representante legal e que tem o poder e a autoridade para fazer; tenho uma empresa na Itália, e quando estava ausente jogando futebol coloquei uma pessoa para ser meu representante a fim de resolver as coisas para mim. Pois bem, agora estou de volta e fui até a prefeitura para fazer uma pequena atualização no endereço. Chegando lá não pude fazer nada, pois, apesar de ser o dono, eu não tinha autorização legal pra fazer essa mudança. Essa experiência falou muito comigo, e entendi que Deus é o dono do mundo, mas Ele não tem poder para acabar com as guerras, com a fome e a pobreza, porque só o homem pode fazer isso, nós que somos os representantes legais d'Ele aqui na Terra. Sim, você é também, e digo mais, você é um deusinho (no sentido de que você é a expressão de quem Deus é, e pode criar coisas assim como Deus criou). Sim, você pode!

Da primeira vez que Cristo veio ao mundo, não veio como rei, não viveu em um castelo de rei! Ele veio destinado a sofrer e a se identificar com a humanidade sofredora. Cristo foi humilhado, rejeitado, escarnecido e espancado. Ele se identificou conosco no sentido de que éramos frágeis e explorados. Consequentemente, Ele se identificou com aqueles que são explorados pelas pessoas fortes segundo o poder deste mundo.

Jesus nos amou de tal maneira que entregou a sua preciosa vida por nós! Então, quando você conhece o amor de Jesus por nós e O ama com todo o amor do seu coração, se torna um homem ou uma mulher poderosa, um adorador do Pai.

> *Deus é espírito, e é necessário que os seus adoradores o adorem em espírito e em verdade.*
> (JOÃO 4:24).

Vivemos na dispensação do Espírito, a dispensação da graça. A Lei não vigora mais para nós. Portanto, deixe-a para os judeus. Deus tem uma aliança com os judeus. Se não existe Lei, se aquela Lei não tem poder sobre nós, então não há pecado. Aliás, o único pecado que existe hoje é não crer na obra de Jesus Cristo na cruz do Calvário (João 16:7-9 e João 6:29). Estou sendo repetitivo de propósito, pois essa é uma lógica de fácil entendimento, mas de difícil aceitação.

> *Quem nele crê não é condenado, mas quem não crê já está condenado, por não crer no nome do Filho Unigênito de Deus. Este é o julgamento: a luz veio ao mundo, mas os homens amaram as trevas, e não a luz, porque as suas obras eram más.*
>
> (JOÃO 3:18,19, NVI).

Se você está em Cristo, não existe nenhuma condenação da parte de Deus contra você (Romanos 8:1). Se você comete pecado, não peca contra Deus, mas contra a própria consciência ou contra a consciência de outrem, e a sua própria consciência o acusará, não Deus ou o Espírito Santo. Não permita que a autocondenação traga peso à sua vida nem acredite que é Deus quem o está castigando, porque o pecado já foi castigado na cruz.

Devemos ficar atentos, porque o Diabo age como um leão, como se fosse um agente da justiça; para enganar os ignorantes, aqueles que não sabem o que Deus fez por nós.

O Diabo controla o sistema que existe no mundo. Esse sistema já está em você, na sua mente, influenciando seus pensamentos. Ele se manifesta por meio de uma voz interior, que está aí desde quando você era criança e não tinha consciência para conhecê-la e rejeitá-la. Agora, só o conhecimento da verdade, da graça e do amor de Deus poderá libertá-lo das acusações que essa voz quer impor contra você.

Ou ainda, não se permita ir para o outro extremo: "Mantendo a fé e a boa consciência que alguns rejeitaram e, por isso, naufragaram na fé" (1 Timóteo 1:19). Ou seja, depois de ouvir as Boas-Novas, não permita que brote em seu interior nenhuma ideia errada, como "Deus já me perdoou mesmo, então, vou fazer tudo o que quero". Não funciona assim. Não dê lugar às obras da carne, nem à cobiça dos olhos nem à soberba da vida. Seja coerente com a sua fé, com os novos valores do *bom vinho*. Deixe a vida de Deus frutificar em você.

Viver pela Lei de Moisés ou a vida das boas ações a fim de agradar a Deus e receber as suas bênçãos requer muito esforço e um esforço em vão, que é a tentativa de cumprir todas as regrinhas do passado, satisfazer os rituais ultrapassados.

Viver na graça é totalmente o oposto disso. Cada vez que você se esforça na tentativa de ser abençoado, de ser guiado por Deus, a fim de que Deus faça algo por você, o resultado é cair da graça, ou seja, você volta para a Lei de Moisés – e de Newton também. Ação e reação, eu preciso fazer para Deus me abençoar. Isso é diferente da experiência de Josué, que deveria ler a Lei para fazer tudo o que nela estava escrito.

Leio o Evangelho para me lembrar de tudo que Jesus fez em meu favor. É assim que o meu espírito se fortalece; e quando meu espírito está forte, tenho comunhão espontânea com Deus, a todo momento estou conectado com o Pai; mas também oro, ou melhor, falo com Deus, agradeço a Deus, peço coisas a Ele, orientações, tudo, mas nunca peço a Deus para me mostrar nada, porque Deus me guia não pelos olhos, como queria Tomé (João 20:25), que queria ver para saber que estava crendo certo. Não preciso ver; quando peço a Deus algo, sei que Ele, como um bom pai, me atende, me guiando sem eu estar consciente disso; eu apenas vou. Sim, faço jejuns, mas tudo é muito leve, sem o peso da obrigação; não para Deus me dar algo, pois Ele já me deu tudo. Apenas vivo a minha nova vida espiritual, não tentando ser nada diferente daquilo que sou – a não ser me parecer mais e mais com Jesus. Apenas vivo, e o Espírito de Deus me conduz sem que eu saiba como. Sei que Deus está sempre me guiando, sem perceber como, mas sabendo que Ele é quem dirige o meu caminho.

POR ISSO, INSISTO: APENAS VIVA!

FINALIZAÇÃO
Palavras de Jesus

> *Todo aquele que desobedecer a um desses mandamentos, ainda que dos menores, e ensinar os outros a fazerem o mesmo, será chamado menor no Reino dos céus; mas todo aquele que praticar e ensinar estes mandamentos será chamado grande no Reino dos céus.*
>
> (MATEUS 5:19).

Ao entender essas palavras de Jesus, obedecendo a elas, quero mostrar para você pela própria Bíblia que hoje, vivendo na graça, não devemos mais nos basear nos dez mandamentos da Lei de Moisés. Devemos considerar Cristo como o centro de toda a nossa vida e regulador do nosso comportamento. Leia, ainda, esta citação de Jesus:

> *Pois eu lhes digo que, se a justiça de vocês não for muito superior à dos fariseus e mestres da lei, de modo nenhum entrarão no Reino dos céus.*
>
> (MATEUS 5:20).

Quando eu ainda era novo na fé, queria ser mais justo do que as pessoas em geral, ser mais justo do que os fariseus. Queria ser o mais obediente, o mais correto possível. Não estou dizendo que hoje eu não queira isso. É evidente que quero fazer as coisas certas, mas esse não é o segredo deste texto. Só existe um modo de exceder os fariseus em justiça, e esse modo não é praticando a justiça da Lei, mas praticando a justiça da fé. E ela é mais simples – basta crer no sacrifício e na obra completa de Jesus na cruz –, mas nem por isso mais fácil; ao contrário, viver pela fé na obra de Jesus é bem mais difícil, pois quando faço algo bom, é muito mais lógico acreditar que mereço algo bom, afinal, fui eu mesmo quem praticou a boa ação. Agora, crer na boa ação de outro é bem mais difícil. É isso que o Evangelho nos pede, crer na obra de Jesus, crer na boa notícia.

Depois de ler toda esta carta, acredito que você entendeu que lhe resta escolher somente duas opções:

✓ Opção 1. Ser um pecador que faz boas ações de vez em quando, para tentar ganhar ponto com Deus e se justificar diante d'Ele.

✓ Opção 2. Ser um justo que comete alguns erros de vez em quando.

Antes de finalizar minha breve carta, gostaria de mostrar uma lista com os 17 versículos do capítulo 20 do livro de Êxodo, quando Moisés recebeu as pedras com os mandamentos, posteriormente consagrados como "Os Dez Mandamentos". Junto a eles, elenquei dez expressões de um coração adorador e livre, que reagrupei lendo as porções do Novo Testamento, as palavras de Jesus e dos apóstolos. Os Dez Mandamentos são para os judeus, enquanto as Dez Expressões, como o nome já diz, são para que você as expresse. No entanto, não se esforce para obedecer a elas ou memorizá-las como se fosse um ritual, pois viver pela graça não requer esforço humano para cumprir nenhuma regra. Viver pela graça é conhecer Jesus cada vez mais, e o fruto disso virá por si mesmo. Apenas aprenda, leia e conheça.

Escrevi os mandamentos e as expressões aqui para que você leia, conheça e entenda. Obedecer e fazer o que deve ser feito é uma consequência gerada pela vida pautada pelo Evangelho e pelo Espírito da Verdade.

Então, se você escolheu acima a opção 1, concentre-se Mandamentos; se escolheu a opção 2, concentre-se nas Expressões.

MANDAMENTOS X EXPRESSÕES

1. **Mandamento:** "E Deus falou todas estas palavras" (Êxodo 20:1).
   Expressão: "Então disse Jesus" (Mateus 19:14).

2. **Mandamento:** "Eu sou o Senhor, o teu Deus, que te tirou do Egito, da terra da escravidão" (Êxodo 20:2).
   Expressão: "Eu lhes afirmo que antes de Abraão nascer, Eu Sou" (João 8:58). "Pois ele, Jesus, nos resgatou do domínio das trevas e nos transportou para o Reino do seu Filho amado" (Colossenses 1:13).

3. **Mandamento:** "Não terás outros deuses além de mim" (Êxodo 20:3).
   Expressão: "Não terás outros nomes ou coisas que chamarás deus ou deuses diante de mim. Porque o meu nome, o nome de Jesus, está acima de todo nome" (Filipenses 2:9; paráfrase minha).

"Não há salvação em nenhum outro, pois debaixo do céu não há nenhum outro nome dado aos homens pelo qual devamos ser salvos" (Atos 4:12). "E eu farei o que vocês pedirem em meu nome, para que o Pai seja glorificado no Filho" (João 14:13).

4. **Mandamento:** "Não farás para ti nenhum ídolo, nenhuma imagem de qualquer coisa no céu, na terra, ou nas águas debaixo da terra" (Êxodo 20:4).

   Expressão: "Não farás para ti nenhuma imagem de qualquer coisa do que há no céu ou na terra ou debaixo da terra. Não terás nenhuma foto de alguém ou amuleto em que nelas coloque a tua confiança ou esperança, mas confiarás somente na minha palavra. Se estiveres em mim e minhas palavras estiverem em vós, pedireis o que quiserdes e vos será feito" (João 15:1-12; paráfrase minha).

5. **Mandamento:** "Não te prostrarás diante deles nem lhes prestarás culto, porque eu, o Senhor teu Deus, sou Deus zeloso, que castigo os filhos pelos pecados de seus pais até a terceira

e quarta geração daqueles que me desprezam" (Êxodo 20:5).

Expressão: "Deus é espírito, e é necessário que os seus adoradores o adorem em espírito e em verdade" (João 4:24). "E só a Ele preste culto" (Lucas 4:8). "Porque, por meio de um único sacrifício, ele aperfeiçoou para sempre os que estão sendo santificados" (Hebreus 10:14). "Pois vocês não receberam um espírito que os escravize para novamente temer, mas receberam o Espírito que os adota como filhos, por meio do qual clamamos: 'Aba, Pai'" (Romanos 8:15). "O Espírito Santo também nos testifica a este respeito. Primeiro ele diz [...]" (Hebreus 10:14-15).

6. **Mandamento:** "Mas trato com bondade até mil gerações aos que me amam e guardam os meus mandamentos" (Êxodo 20:6).

    Expressão: "Esta é a aliança que farei com eles, depois daqueles dias, diz o Senhor. Porei as minhas leis em seus corações e as escreverei em suas mentes" (Hebreus 10:16).

7. **Mandamento:** "Não tomarás em vão o nome do Senhor teu Deus, pois o Senhor não

deixará impune quem tomar o seu nome em vão" (Êxodo 20:7).

Expressão: "Eu revelei teu nome àqueles que do mundo me deste. Eles eram teus; tu os deste a mim, e eles têm guardado a tua palavra" (João 17:6). "Vocês já estão limpos, pela palavra que lhes tenho falado" (João 15:3). "Dei-lhes a tua palavra" (João 17:14). "Santifica-os na verdade; a tua palavra é a verdade" (João 17:17). "Pai santo, protege-os em teu nome, o nome que me deste, para que sejam um, assim como somos um" (João 17:11). "O que vocês pedirem em meu nome, eu farei" (João 14:14).

8. **Mandamento:** "Lembra-te do dia de sábado, para santificá-lo" (Êxodo 20:8).

Expressão: "Lembra do dia em que consumei a obra e a vontade do Pai na cruz" (João 19:30; paráfrase minha). "E ao terceiro dia ressuscitei, e todo aquele que crer entrará no Dia, no tempo do meu descanso" (Hebreus 4:3; paráfrase minha). O dia do descanso quer dizer a nova dispensação em que viverão aqueles que crerem. Será o novo tempo.

9. **Mandamento:** "Trabalharás seis dias e neles farás todos os teus trabalhos" (Êxodo 20:9).

   Expressão: "Lembra que pelas vossas obras não podereis salvar-vos, porque pela graça sois salvos, mediante a fé; e isto não vem de vós, é o Dom de Deus" (Efésios 2:9; paráfrase parcial minha).

"Lembra que o teu trabalho é descansar na obra que Jesus realizou na cruz e, a partir daí, ser guiado pelo Espírito da verdade em toda a verdade e em toda obra. (Lucas 10:41; João 16:13; 1 João 2:27).

10. **Mandamento:** "Mas o sétimo dia é o sábado dedicado ao Senhor teu Deus. Nesse dia não farás trabalho algum, nem tu, nem teus filhos ou filhas, nem teus servos ou servas, nem teus animais, nem os estrangeiros que morarem em tuas cidades" (Êxodo 20:10).

    Expressão: "Pela graça de Deus vos tornastes filhos e não há obra alguma a fazer para herdar as bênçãos de Deus e a sua salvação. É preciso somente crer e descansar em Cristo, pois tudo já está consumado" (João 6:29). "Esta é a vida eterna: que te conheçam, o único Deus verdadeiro, e a Jesus Cristo, a quem enviaste" (João 17:3). "Por isso, entra no meu descanso, receba o dom da justiça; pois pelo meu ato de justiça veio a graça sobre todos os homens para justificação que dá Vida, e pela minha obediência muitos se tornarão justos" (Romanos 5:17-19; paráfrase minha).

11. **Mandamento:** "Pois em seis dias o Senhor fez os céus e a terra, o mar e tudo o que neles existe, mas no sétimo dia descansou. Portanto, o Senhor abençoou o sétimo dia e o santificou" (Êxodo 20:11).
Expressão: "Eu sou o Cristo, o filho de Deus, herdeiro de todas as coisas, a expressão exata do pai" (Hebreus 1:2,3; paráfrase minha). "Ele é a imagem do Deus invisível, o primogênito de toda a criação [...] e nele tudo subsiste" (Colossenses 1:15-17), "o princípio da criação de Deus" (Apocalipse 3:14), "o Alfa e o Ômega", o *alef tav*" (Apocalipse 22:13), "o autor e consumador da fé" (Hebreus 12:2), "sumo sacerdote dos benefícios agora presentes, ele adentrou o maior e mais perfeito tabernáculo, não feito pelo homem, isto é, não pertencente a esta criação. Não por meio de sangue de bodes e novilhos, mas pelo seu próprio sangue, ele entrou no

Santo dos Santos, uma vez por todas, e obteve eterna redenção" (Hebreus 9:11-12).

"Por isso, entrando no mundo, diz: Sacrifícios, ofertas, holocaustos e ofertas pelo pecado não quiseste [...] mas um corpo me preparaste [...] de holocaustos e ofertas pelo pecado não te agradaste" (Hebreus 10:5,6). "Então acrescentou: 'Aqui estou; vim para fazer a tua vontade'. Ele cancela o primeiro para estabelecer o segundo. Pelo cumprimento dessa vontade fomos santificados, por meio do sacrifício do corpo de Jesus Cristo, oferecido uma vez por todas" (Hebreus 10:9-10). "Mas quando este sacerdote acabou de oferecer, para sempre, um único sacrifício pelos pecados, assentou-se à direita de Deus" (Hebreus 10:12).

"Portanto, irmãos, temos plena confiança para entrar no Santo dos Santos pelo sangue de Jesus, por um novo e vivo caminho que ele nos abriu por meio do véu, isto é, do seu corpo. Temos, pois, um grande sacerdote sobre a casa de Deus. Sendo assim, aproximemo-nos de Deus com um coração sincero e com plena convicção de fé, tendo os corações aspergidos para nos purificar de uma consciência culpada e tendo os nossos corpos lavados com água pura. Apeguemo-nos com firmeza à esperança que professamos, pois aquele que prometeu é fiel. E consideremo-nos uns aos outros para incentivar-nos ao amor e às boas obras" (Hebreus 10:19-24).

12. <u>Mandamento:</u> "Honra teu pai e tua mãe, a fim de que tenhas vida longa na terra que o Senhor teu Deus te dá" (Êxodo 20:12).
<u>Expressão:</u> "Para que todos honrem o Filho como honram o Pai. Aquele que não honra o Filho também não honra o Pai que o enviou. Eu lhes asseguro: Quem ouve a minha palavra e crê naquele que me enviou tem a vida eterna e não será condenado, mas já passou da morte para a vida" (João 5:23,24). "A obra de Deus é esta: crer naquele que ele enviou" (João 6:29). "Pois quem faz a vontade de meu Pai que está nos céus, este é meu irmão, minha irmã e minha mãe" (Mateus 12:50). "E se alguém der mesmo que seja apenas um copo de água fria a um destes pequeninos, porque ele é meu discípulo, eu lhes asseguro que não perderá a sua recompensa" (Mateus 10:42; Mateus 25:40).

13. Mandamento: "Não matarás" (Êxodo 20:13).
Expressão: "Não matarás, nem anularás o meu sacrifício! Pois todo aquele que tenta se justificar pelas obras da Lei, da graça decaiu" (Gálatas 5:4; paráfrase minha) e "Como escaparemos nós, se negligenciarmos tão grande salvação? Esta salvação, primeiramente anunciada pelo Senhor, foi-nos confirmada pelos que a ouviram. Deus também deu testemunho dela por meio de sinais, maravilhas, diversos milagres e dons do Espírito Santo distribuídos de acordo com a sua vontade" (Hebreus 2:3,4).

"Ora, para aqueles que uma vez foram iluminados, provaram o dom celestial, tornaram-se participantes do Espírito Santo, experimentaram a bondade da palavra de Deus e os poderes da era que há de vir, e caíram, é impossível que sejam reconduzidos ao arrependimento; pois para si mesmos estão crucificando de novo o Filho de Deus, sujeitando-o à desonra pública" (Hebreus 6:4-6). "Quem rejeita o meu sacrifício para viver pela lei está me crucificando novamente. Me matando. Disse Jesus: 'Se vocês não crerem que Eu Sou, de fato morrerão em seus pecados'." (João 8:24).

14. **Mandamento:** "Não adulterarás" (Êxodo 20:14).
Expressão: "Não adulterarás, não modificareis nem misturareis o genuíno Evangelho da graça de Deus" (Colossenses 1:6b; paráfrase minha). "Um pouco de fermento leveda toda a massa, ou seja, um pouco de Lei, um pouco de justiça própria, contamina todo o Evangelho" (Gálatas 5:9), e, ainda que Paulo "ou um anjo dos céus vos anuncie outro Evangelho que vá além deste, seja amaldiçoado" (Gálatas 1:8).

"Deus amou o mundo de tal maneira que deu seu filho" (João 3:16) para morrer pendurado na cruz, mas, antes de sua morte, "ungiu a Jesus de Nazaré com o Espírito Santo e com poder, depois de ser batizado por João Batista, o qual andou por toda parte, fazendo o bem e curando a todos os oprimidos do diabo porque Deus era com Ele" (Atos 10:38).

Os apóstolos são testemunhas de tudo o que ele fez na terra dos judeus e em Jerusalém, a quem também tiraram a vida, pendurando-o no madeiro. "Deus, porém, o ressuscitou no terceiro dia e fez que ele fosse visto, não por todo o povo, mas por testemunhas que designara de antemão, por nós que comemos e bebemos com ele depois que ressuscitou dos mortos. Ele nos mandou pregar ao povo e testemunhar que este é aquele a quem Deus constituiu juiz de vivos e de mortos. Todos os profetas dão testemunho d'Ele, de que todo aquele que n'Ele crê recebe o perdão dos pecados mediante o seu nome" (Atos 10:40-43; Mateus 28:18).

"Nem se põe vinho novo em vasilhas de couro velhas; se o fizer, as vasilhas se rebentarão, o vinho se derramará e as vasilhas se estragarão. Pelo contrário, põe-se vinho novo em vasilhas de couro novas; e ambos se conservam" (Mateus 9:17). Ou seja, novo vinho, nova aliança, nova mentalidade, novo espírito, novo entendimento, nova lei, novo sumo sacerdote, novo testador.

15. **Mandamento:** "Não furtarás" (Êxodo 20:15).
Expressão: "Não furtarás nenhum dos benefícios no que diz respeito à providência da minha graça para a vida do homem, pois eu vim para que tenham vida e a tenham abundantemente, em plenitude" (João 10:10; paráfrase minha). "Eu vim para que possais reinar em vida" (Romanos 5:17; paráfrase minha). "Vim trazer o reino de Deus, a vida eterna, a minha paz, *shalom*" (João

14:27), salvação, cura, liberdade, paz, segurança e provisão (João 6:10-57) pela fé.

E todas essas bençãos de salvação, perdão, saúde, cura, crescimento, longevidade já foram depositadas para você no banco celestial, na sua conta. Você apenas precisa reconhecer que as tem pela fé, agradecer a Deus, declarar e profetizar, e elas se manifestarão na realidade da sua vida, pela fé (Mateus 13:12).

16. Mandamento: "Não dirás falso testemunho contra o teu próximo" (Êxodo 20:16).

Expressão: "Não dirás falso testemunho contra a minha palavra, contra o genuíno Evangelho da graça de Deus; mantém a tua confissão e a confiança, ainda que as circunstâncias digam ao contrário. Se retrocederes, se negares, dizendo falso testemunho na confissão, em ti não se compraz (tem prazer) a minha alma" (Hebreus 10:38; paráfrase minha).

17. **Mandamento:** "Não cobiçarás a casa do teu próximo. Não cobiçarás a mulher do teu próximo, nem seus servos ou servas, nem seu boi ou jumento, nem coisa alguma que lhe pertença" (Êxodo 20:17).

Expressão: "Não cobiçarás o sucesso dos outros povos, nem o dos judeus, que vivem sem mim e conseguem a paz na sua justiça própria. Não desejarás a vida de outras pessoas quando eles conseguirem alguma coisa sem mim, por suas próprias forças; saibam que eles até podem conseguir coisas que você não consegue, mas será com muito esforço, aflição de espírito e estresse; já a minha graça enriquece e não acrescenta dores" (Provérbios 10:22; paráfrase minha). "Não desejareis nenhum outro livramento exceto o que o Pai te dá" (João 18:11; paráfrase minha).

Palavra Final

Bem, querido(a) amigo(a), penso que tenho falado bastante até aqui, apesar de ser uma breve carta. Preciso me despedir.

Mas antes de encerrar, devo dizer que o que importa mesmo, no final de tudo, é conservar a nossa fé. Ou seja, ainda que façamos alguma coisa errada, nossas vestimentas de justiça não se desgastarão; nossa vestimenta foi preparada pelo maior dos alfaiates, e é de linho finíssimo impermeável e impenetrável contra a sujeira do pecado. Depois de nos entregarmos a Cristo, nunca mais seremos considerados pecadores diante de Deus. Nunca mais necessitaremos nos arrepender nem experimentar a *metanoia*, porque já somos novas pessoas no espírito.

O arrependimento acontece apenas uma vez. Arrepender-se, no sentido como Jesus ensinou, não é um peso ou um lamento por algo que se fez; mas, como disse, é *metanoia*, é saber que Deus está ao nosso lado e em nosso favor, que nos ama, nos perdoou e se esqueceu de todos os nossos pecados passados, presentes e futuros.

Faça o seguinte: "conserve a sua fé e uma boa consciência" (1 Timóteo 1:19).

SEJA COERENTE E *NÃO USE QUALQUER PRETEXTO PARA PERMITIR QUE OS DESEJOS DA CARNE SUPEREM A SUA NOVA MENTALIDADE.*

> *Você entrará e nadará no rio da graça, não por algum esforço que tenha feito, ou tenha que fazer, mas pelo esforço que você percebe que não pode fazer. Você não pode merecer nem conquistar a salvação, a bênção e o favor de Deus. Tudo o que procede de Deus é de graça e vem a nós pela graça, e nós recebemos pela fé. Quem crer em Jesus, como dizem as Escrituras, do seu interior fluirão rios de águas vivas*
>
> (JOÃO 7:38).

OS CÉUS RECONHECEM SOMENTE A FÉ, ASSIM COMO A TERRA RECONHECE SOMENTE A SEMENTE. JESUS INSISTIU

COM AS PESSOAS QUE O PROCURARAM EM BUSCA DE ALGO PARA SUAS VIDAS: "SEJA FEITO CONFORME A SUA FÉ".

Não conforme o esforço pessoal, a disciplina, a obediência, a Lei, o merecimento, a justiça própria, a habilidade, a posição social ou eclesiástica.

Não seja tão religioso a ponto de Deus não poder entrar na sua vida.

*Essas são as minhas palavras
para você nesta primeira carta.
Espero vê-lo em breve e saber que
você recebeu os meus conselhos, guardou
a mensagem do Evangelho em seu coração
e que ela tenha frutificado em sua vida.*

Até breve!

O Profeta.

Livros para mudar o mundo. O seu mundo.

Para conhecer os nossos próximos lançamentos
e títulos disponíveis, acesse:

🌐 www.**citadel**.com.br

f /**citadeleditora**

📷 @**citadeleditora**

🐦 @**citadeleditora**

▶ Citadel – Grupo Editorial

Para mais informações ou dúvidas sobre a obra,
entre em contato conosco por e-mail:

✉ contato@**citadel**.com.br